Sonidos De Adoración

*Una Guía Para Tomar Decisiones Musicales
En Un Mundo Ensordecedor*

SCOTT ANIOL

Contenido

Introducción

Hay música en todas partes. En el coche. En el hogar. En el televisor. En el iPod. En el restaurante. Hay música en los parques de diversiones, las fiestas, ferias, reuniones de familia y parrilladas.

Y hay música en la iglesia.

Tenemos para elegir. Nunca en la historia de la humanidad ha habido tanta música distinta para escoger. Podemos elegir con bastante facilidad dónde escuchar música, cuándo escuchar música, por cuánto tiempo escuchar música, a qué músico escuchar, qué estilo escuchar, qué canción escuchar y cuánto tiempo escucharla.

Lo que no podemos elegir es *no* elegir.

Este libro se trata de tomar decisiones musicales. Pero no cualquier tipo de decisiones. Este es un libro sobre tomar decisiones musicales deliberadamente fundamentadas en la Palabra de Dios. Se trata de elegir aquella música que refleje discernimiento y sabiduría, y que sea beneficiosa y edificante.

Este libro se trata de tomar decisiones musicales que glorifiquen a Dios.

Vivimos en una época de relativismo, individualismo y pragmatismo. Cada uno de estos males representa un desafío para tomar decisiones musicales que agraden a Dios. El relativismo nos enseña que no hay música correcta o incorrecta. El individualismo nos enseña a elegir lo que nos gusta. Y el pragmatismo influye sobre nuestra teología de la iglesia y nos convence de que incluyamos en nuestros cultos las preferencias musicales de las masas a fin de atraerlas a nuestras reuniones.

Seleccionar música en nuestra sociedad no es tarea fácil, pero es una tarea que tenemos que encarar bien informados y bien capacitados.

Como ex pastor, director de música y ahora director de un ministerio cuyo propósito es ayudar a capacitar e informar a los creyentes para esta tarea, tengo el profundo anhelo de que pensemos bíblicamente sobre estos temas.

Sonidos de adoración fue escrito específicamente para el cristiano promedio que quiere aprender cómo tomar decisiones que agradan a Dios. He seleccionado las preguntas que considero las más importantes que generan los debates actuales y he tratado de contestarlas de un modo claro e interesante. No hay muchos detalles técnicos en este libro sino más bien aquellos que son absolutamente necesarios. He procurado explicar e ilustrar los puntos importantes usando ejemplos con los cuales el lector se podrá identificar fácilmente. El presente libro tiene la intención de dar solamente un punto de partida.

Mi oración es que este libro le ayude a sortear las miríadas de posibilidades musicales que existen para su adoración personal y congregacional. Mi esperanza es que encuentre lo que necesita para tomar decisiones musicales que realmente glorifiquen a Dios.

Scott Aniol
Septiembre de 2009
Simpsonville, SC
www.soundworshipbook.com

1. ¿Importa la música?

¿Le importa la música a Dios? ¿Debiera importarnos a nosotros?

Vivimos en una época en que las gentes —aun los cristianos— consideran que la música no es importante. Agradable, sí; ¿pero necesaria o importante? No.

Vemos esta manera de pensar por todas partes. La educación musical se considera ahora extracurricular en las escuelas. Es algo extra. No es importante. El apoyo a las artes está decayendo en las comunidades. Mientras que en el pasado las familias estimaban a la música como lo más destacado del hogar, hoy la mayoría de las familias no muestran ningún interés en ella.

Este modo de pensar, por supuesto, también ha influido sobre la iglesia. Lo que creemos teológicamente es importante. ¿Pero la música? Es solo algo extra que Dios nos ha dado simplemente para disfrutar.

Es indiscutible que esto tiene implicaciones en la adoración. Si la música es sencillamente para disfrutar y no tiene importancia, entonces realmente tampoco importa qué clase de música usamos para adorar al Señor. A Dios, en realidad, no le importa.

¿O sí?

En este capítulo me gustaría demostrar que la música de hecho importa. Le importa a Dios y debiera importarnos a nosotros.

La música importa bíblicamente

Si queremos discernir si a Dios le importa o no, tenemos que empezar por examinar las Escrituras. ¿Qué dice la Biblia acerca de la música?

La Biblia se refiere explícitamente a la música alrededor de 1.200 veces. Eso en sí no es necesariamente significativo. ¡La Biblia menciona también a las plantas unas 1.000 veces! Pero cuando tomamos en cuenta los tipos de cosas conectadas con la música en la Biblia, los contextos en que la encontramos, es evidente que la música sí importa.

La música en la adoración

En primer lugar, la música en la Biblia se destaca como una parte importante de la adoración, tanto en el templo del Antiguo Testamento como en la adoración en la iglesia del Nuevo Testamento.

En el Antiguo Testamento encontramos el registro de gran parte de lo que sucedía en la sociedad judía. Israel era una teocracia, así que sus actividades religiosas, civiles y sociales estaban todas entrelazadas. Mucho de lo que acontecía en su sociedad tenía que ver con su relación con Yahweh, pero no se reservaba específicamente para la adoración pública. Esto se aplica indudablemente a algo de la música incluida para nosotros en el Antiguo Testamento. En la Biblia, hay música para todo tipo de propósitos: hay cantos de trabajo[1], cantos de guerra[2], cantos de amor[3], cantos para entretenimiento[4] y cantos de humillación, dolor y lamentación[5]. Dado que la religión y la sociedad estaban entrelazadas en la cultura judía, el Antiguo Testamento menciona muchos usos comunes de la música en la vida cotidiana.

Pero algunos elementos fueron apartados específicamente para la adoración congregacional en el Templo. Antes de morir David, el Señor le permitió organizar la adoración en el templo que se cumpliría bajo Salomón. Encontramos esta organización en 1 Crónicas 22 y capítulos subsiguientes. Solo a los varones levitas les era permitido trabajar en el Templo, y en aquel tiempo sumaban 38.000, de 30 años en adelante. David los dividió para realizar tareas específicas: 24.000 estarían encargados del trabajo en el Templo, 6.000 serían oficiales y jueces, 4.000 serían porteros y "y cuatro mil para alabar a Jehová, dijo David, con los instrumentos que he hecho para tributar alabanzas" (1 Crónicas 23:5).

---

[1] Núm. 21:17-18; Isa. 16:10; 27:2; Jer. 25:30; 48:33; Hos. 2:17; Zac. 4:7.
[2] Núm. 21:27-30; Sal.. 68; 2 Cr. 20:21; Núm. 10:35-36; Ex. 15:20; Juc. 5:1; 1 S. 21:12; Sal. 24:7-10.
[3] Sal. 45; Cnt. 2:12; Ez. 33:32; Is. 5:1; Gn. 31:27; Jer. 25:10; 33:11; Is. 23:15-16.
[4] Job 21:12; Is. 24:9; 2 S. 19:35; Lm. 5:14; Dn. 6:18; Am. 6:5.
[5] Job 30:9; Lm. 3:14, 63; Is. 14:4; 2 S. 1:18-27; 1 R. 13:30; 2 Cr. 35:25; Sal. 69:12; Job 30:31; Ec. 12:5; Jer. 9:16-17; 22:18; Ez. 27:30-32.

Encontramos dos cosas interesantes en esto. Primero, era significativo que solo a los levitas se les permitía hacer música en el templo. Solo los que eran específicamente escogidos y se habían capacitado podían realizar esta función. Segundo, también es digno de notar que Dios dice específicamente que había diseñado la música para su alabanza.

Posteriormente, David da a estos grupos de varones indicaciones específicas sobre cómo dirigir la adoración en el Templo, y en el capítulo 25 se dirige específicamente a los músicos.

Es muy significativo que David se tomó tanto tiempo, bajo la dirección del Señor, para apartar a los levitas con el propósito de que hicieran música en el Templo. Además, es interesante notar cómo se relaciona esta música con las profecías: era una revelación directa de Dios (1 Crónicas 25:1).

Entonces, en la organización de la adoración en el templo en el Antiguo Testamento, Dios ordenó que hubiera sacerdotes y líderes, porteros y músicos, y estos músicos estaban involucrados específicamente en dirigir al pueblo reunido en la alabanza congregacional. Dios designó a la música como una de las cosas que consideraba importante para su adoración. No llamó a agricultores ni pastores ni constructores, en cambio, convocó a músicos.

Vemos esto claramente en las indicaciones para la adoración en el Templo al igual que en los Salmos.

Esto se refleja también en la adoración en la iglesia del Nuevo Testamento:

Hablando entre vosotros con salmos, con himnos y cánticos espirituales, cantando y alabando al Señor en vuestros corazones (Efesios 5:19).

Aquí, en la epístola más directamente enfocada en la Iglesia, encontramos un mandato de incluir música en la adoración en nuestras iglesias. El pasaje paralelo en Colosenses 3:16-17 hace aun más claro el énfasis congregacional con sus discusiones en este contexto de la iglesia como un cuerpo. Los términos utilizados aquí significan tanto música vocal como instrumental: "alabando", es traducción de un término que significa instrumento de cuerdas.

Vemos pues que tanto en Antiguo como en el Nuevo Testamento, la música (vocal e instrumental) está directamente relacionada, al igual que ordenada, para la adoración en conjunto, junto con la predicación, oración, ofrenda, etc. Volveremos a considerar más adelante por qué Dios instituyó la música para la adoración congregacional, pero por ahora tomemos conciencia de que lo hizo.

Esto en sí debiera demostrar la importancia y significancia de la música.

La música y la verdad

Segundo, en la Biblia la música se destaca como un medio importante para comunicar la verdad de Dios.

El versículo paralelo de Efesios 5:19 presenta un segundo propósito bíblico para la música que encontramos a lo largo de las páginas de la Biblia.

> *La palabra de Cristo more en abundancia en vosotros, enseñándoos y exhortándoos unos a otros en toda sabiduría, cantando con gracia en vuestros corazones al Señor con salmos e himnos y cánticos espirituales (Colosenses 3:16).*

Pablo ordena a los de la iglesia en Colosas que dejen que la Palabra de Cristo more en ellos, siendo la música un elemento importante que la acompaña. Explicaré en el Capítulo 3 por qué no creo que enseñar la verdad que propone Pablo es todo lo que evidencia este versículo, sino que es parte indudable del poder de la música. La música que se expresa con fundamento bíblico puede acompañar y realzar la verdad de Dios.

Los cantos a lo largo de la Biblia están llenos de la verdad de Dios. Revisemos el himnario judío —los Salmos— y encontraremos suficiente doctrina como para saturar una teología sistemática. Dios podía haber presentado esa verdad de muchas otras maneras, pero escogió hacerlo con arte: poesías con tonadas apropiadas. Música es combinar bien los sonidos con el tiempo.

Podemos encontrar muchos ejemplos de esto también en el Nuevo Testamento. Hay muchos pasajes en las epístolas que los eruditos coinciden en que fueron escritos en una forma claramente poética y muy posiblemente tenían sus respectivas notas musicales, y eran cantados en la iglesia primitiva. Algunos ejemplos incluyen Filipenses 2:6-11, 1 Timoteo 3:16, 2 Timoteo 2:11-13, Juan 1:1-18, Efesios 1:1-11; 2:14-16, Colosenses 1:15-20, y Hebreos 1:3.

Los cantos sagrados son un medio importante para comunicar la verdad de Dios a su pueblo.

La música y las emociones

Tercero, en la Biblia la música se destaca como un elemento importante para santificar nuestras emociones.

En 1 Samuel 16:23, David usa la música para calmar el estado emocional agitado de Saúl. Vemos algo muy similar en Hechos 16:25 cuando Pablo y Silas estaban en la cárcel. En lugar de dejar que el temor y depresión venciera su espíritu, cantaron himnos. Santiago 5:13 también habla del beneficio emocional de cantar: nos ayuda a expresar alegría.

Hablaremos más de esto en el Capítulo 3, pero la Biblia destaca la habilidad de la música para expresar y cambiar las emociones. Este es el énfasis principal de Colosenses 3:16. La "enseñanza" que ocurre a través de la música, más que enseñar es una verdad proposicional a la mente. Esto no puede ser lo único a lo que se refiere aquí pero hay mejores maneras de enseñar a la mente que la música. La música misma no enseña a la mente, la música enseña a las emociones. Entraré en más detalles sobre este punto en el Capítulo 3.

La música y la hermosura

Cuarto, en la Biblia se destaca la música como un modo importante de expresar hermosura, de manera que nos lleva a conocer la Hermosura Suprema.

La gloria de Dios es uno de esos conceptos a veces nebulosos que a menudo no entendemos del todo. Pero cuando nos fijamos en el tipo de lenguaje usado en las Escrituras para describir la gloria de Dios, resulta claro que la idea que se relaciona más estrechamente con la gloria es el concepto de la hermosura. La Biblia está llena de terminología estética para describir a Dios. La gloria de Dios es su hermosura, y esta se magnifica cuando su pueblo se deleita en formas menores de belleza. En la Biblia, la música hermosa es usada a menudo como una manera de magnificar y alabar la hermosura de Dios mismo.

El Salmo 19:1 y Romanos 1:20 nos cuentan cómo la creación muestra la hermosura de Dios y conduce el hombre a él. La música como una expresión de hermosura a la semejanza de Dios puede hacer lo mismo. Consideraremos más de lleno la importancia de la hermosura en el Capítulo 5.

¡Por esto es que la música importa! No es secundaria ni carece de importancia. No es algo neutral para nuestra diversión. Las Escrituras son claras en que la música es significativa para la vida cristiana y la gloria de Dios. La música importa. En los capítulos restantes de este libro, enfocaré y explicaré en más detalle la relevancia de cada uno de estos énfasis bíblicos.

Algunos pueden seguir insistiendo en que la música no importa. No tiene ninguna relevancia. Al que se mantiene escéptico, lo dejo con algunos testimonios de la historia eclesiástica.

La música importa históricamente

Basilio de Cesarea (330-379)

Un salmo es la tranquilidad de las almas, el árbitro de paz, refrena el desorden y turbulencia de los pensamientos pues suaviza la pasión del alma y modera su indisciplina. Un salmo forma amistades, une a los divididos, media entre enemigos. Porque, ¿quién puede considerarse enemigo de aquel con quien ha alzado su voz a Dios? De modo que cantar salmos trae amor, que es lo mejor de las cosas buenas, creando armonía como un vínculo de unión y uniendo al pueblo en la sinfonía de un solo coro.

Un salmo echa fuera a los demonios, pide la ayuda de los ángeles, provee armas contra los terrores nocturnos y brinda descanso del trabajo diario. Para los niños significa seguridad, para los varones en sus mejores años, un adorno; para los ancianos, un consuelo; para las mujeres, su mejor maquillaje. Cura la soledad, produce concordancia en los mercados. Para los novatos es un comienzo; para los que están avanzando, un incremento; para los que están llegando a su final, una confirmación. Un salmo es la voz de la Iglesia. Alegra los días festivos, produce dolor que coincide con la voluntad de Dios, porque un salmo hace brotar lágrimas aun al corazón de piedra[6].

Ambrosio (c. 340-397)

Un salmo es la bendición del pueblo, la alabanza de Dios... el gozo de la libertad, el sonido de alegría y el eco del júbilo. Mitiga la ira, libra de ansiedad, alivia el sufrimiento; es protección en la noche, instrucción en el día, un escudo en tiempo de temor, una fiesta de santidad, la imagen de tranquilidad, una promesa de paz y armonía que produce un canto de una variedad de voces como si fuera un instrumento de cuerdas. El amanecer resuena con un salmo, y todavía en la noche se oye su eco[7].

Juan Crisóstomo (c. 347-407)

Dios estableció los salmos con el fin de que el canto fuera un placer tanto como una ayuda. De los cantos carnales surgen perjuicios, ruina y mucha maldad, porque las cosas que son corruptas y perversas inspiran cantos que se asientan en partes recónditas de la mente, haciéndola más enfermiza y débil; en cambio de los salmos espirituales proceden cantos que son de valor, mucho provecho y mucha santidad[8].

---

[6] *Homily on the First Psalm 1 & 2*, quoted from Strunk, *Source Readings in Music History* (Homilía sobre el primer salmo 1 y 2, cita de Strunk, Fuente de lecturas en la historia de la música) (New York: Norton, 1998), 11-12.

[7] *Commentary on Psalm 1, 9*, quoted from McKinnon, *Music in Early Christian Literature* (Comentario sobre el Salmo 1, 9, cita de McKinnon, La música en la literatura cristiana primitiva) (Cambridge: Cambridge University, 1987), 126.

[8] Quoted from Strunk, *Source Readings in Music History*, (cita de Strunk, Fuentes de lecturas en la historia de la música), 14.

Agustín (c. 354-430)

El sonido de júbilo expresa ese amor, nacido en nuestro corazón, que es imposible de poner en palabras. Y quién es el que merece esa expresión de júbilo sino Dios, porque él es el Inefable, para quien no hay palabras que puedan definirlo. Pero si no puedes expresarlo con palabras, ni tampoco puedes quedarte en silencio, ¿qué más queda por hacer sino elevar un canto de júbilo, el regocijo de tu corazón que sobrepasa todas las palabras, la latitud inmensa de gozo que no se limita a simples palabras[9].

Martín Lutero (1483-1546)

Le hemos puesto esta música a esta Palabra de Dios viva y sagrada a fin de cantarla, alabarla y honrarla. Queremos que el hermoso arte de la música sea usado adecuadamente para servir a su amante Creador y a sus cristianos. Por medio de esta es él alabado y honrado, y nosotros somos mejores y más fuertes en la fe cuando su Santa Palabra penetra en nuestro corazón por medio de una música dulce[10].

Juan Calvino (1509-1564)

Y en verdad sabemos por experiencia que el canto tiene mucha fuerza y vigor para conmover y encender el corazón de

---

[9] *In Psalmum XXXII Enarratio,* trans. in McKinnon, *Music in Early Christian Literature,* (*In Psalmum XXXII Enarratio,* trad. en McKinnon, La música en la literatura cristiana primitiva), 356.

[10] "Preface to the Burial Hymns" (1542), in Lehmann, *Luther's Works* ("Prefacio de himnos fúnebres" [1542], en Lehmann, *Obras de Lutero*), Tomo 53 (Philadelphia: Fortress, 1965), 328.

los hombres a fin de que invoquen y alaben a Dios con un celo más vehemente y ardiente. Siempre hay que tener cuidado de que el canto no sea superficial ni frívolo, sino que tenga peso y majestuosidad (como dice Agustín). También, hay mucha diferencia entre la música que se usa para entretener a los hombres a la mesa y en el hogar, y los salmos que se cantan en la Iglesia en la presencia de Dios y sus ángeles.

Ahora bien, entre las otras cosas que son correctas para la recreación del hombre y darle placer, la música es la primera, o una de las principales; y es necesario que pensemos que es un don de Dios designado para ese uso. Además, debido a esto, hemos de tener más cuidado de no abusar de ella, por temor a mancharla y contaminarla, transformándola para nuestra condenación, cuando en realidad la intención era que fuera para nuestro provecho y uso. Si no hubiera ninguna otra consideración que esta debiera motivarnos a moderar el uso de la música y hacer que sirva a todas las cosas honestas, y que no dé ocasión para dar rienda suelta a lo disoluto, ni nos afeminemos cayendo en diversiones corruptas, ni que se convierta en un instrumento de concupiscencia ni ninguna otra vergüenza[11].

---

[11] "Preface," *Genevan Psalter*, ("Prefacio", Salterio genovés), 3.

Jonathan Edwards (1703-1758)

La mejor manera, la más hermosa y más perfecta que tenemos para expresar una dulce armonía unos con otros es hacerlo por medio de la música[12].

Conclusión

¿La música importa?

¿Le importa a Dios? ¿Debiera importarnos a nosotros?

En mi opinión, las evidencias son abrumadoras. Las centenares de referencias en la Biblia a la música y su poder y beneficios, la habilidad de darnos una manera de expresar a Dios nuestro afecto y de enseñarnos lo que deberíamos estar sintiendo hacia Dios, la comprensión teológica de la hermosura y la gloria de Dios que se refleja en la música hermosa y en testimonio tras testimonio de líderes cristianos a través de la historia dan prueba de que la música importa.

¿Por qué, de pronto, en los siglos XX y XXI insistimos en que no importa?

A estas alturas no estoy hablando específicamente de estilos o culturas musicales. Lo que estoy argumentado es que la música es importante, y que debemos tomarnos el trabajo de tomar decisiones cuidadosas e informadas sobre la música que incluimos en nuestra vida y nuestra adoración.

La meta de este libro es ayudar al lector a tomar esos tipos de decisiones informadas. En el resto de este libro, discutiré

---

[12] Miscellany #188, *The "Miscellanies,"* (Misceláneo núm. 188, Los "Misceláneos"), 331.

cada uno de los temas expresados en este capítulo a fin de ayudarle a comprender la importancia de la música para nuestra vida y adoración.

2. ¿Es la Biblia suficiente?

"Caleb no es el que manda".

¡Para los niños, uno de los conceptos más difíciles de aprender es que no son la autoridad definitiva en sus vidas! Cada uno de nosotros nace creyendo ser el centro del universo. En este momento, mi esposa y yo estamos tratando de ayudar a Caleb, nuestro hijito de dos años, a comprender la verdad de que la autoridad no es él, haciéndole repetir de vez en cuando la frase: "Caleb no es el que manda".

Pero el problema, como bien sabemos, no termina con la niñez. ¡Luchamos toda la vida con el tema de la autoridad! Especialmente cuando enfrentamos decisiones éticas, luchamos por determinar quién tiene la autoridad para decirnos lo que debemos hacer.

Cuando se trata de tomar decisiones musicales, nos preguntamos: "¿Quién tiene la autoridad para decirnos qué música podemos o no podemos escuchar?".

Para los cristianos, nuestra respuesta clara es que Dios es nuestra autoridad, y la Biblia nuestra fuente suficiente de esa autoridad.

Pero aun habiendo respondido a esa pregunta, algunos pocos todavía vacilan al tener que tomar decisiones acerca de la música:

1. ¿Dice la Biblia algo acerca de estilos musicales?
2. ¿Acaso existe algo que se llame música que no agrade al Señor?
3. ¿Es la Biblia todo lo que necesitamos para tomar decisiones que agradan a Dios?

La Biblia es suficiente

En definitiva, el lugar a donde tenemos que ir cuando hacemos preguntas acerca de cómo agradar a Dios es la Biblia. Una de las doctrinas que caracterizan a las iglesias protestantes es la doctrina de la suficiencia de las Escrituras. Pero, ¿qué, exactamente, significa la suficiencia de las Escrituras?

Uno de los pasajes más claros que enuncia esta doctrina se encuentra en 2 Timoteo 3:14-17.

[14] *Pero persiste tú en lo que has aprendido y te persuadiste, sabiendo de quién has aprendido;* [15] *y que desde la niñez has sabido las Sagradas Escrituras, las cuales te pueden hacer sabio para la salvación por la fe que es en Cristo Jesús.* [16] *Toda la Escritura es inspirada por Dios, y útil para enseñar, para redargüir, para corregir, para instruir en justicia,* [17] *a fin de que el hombre de Dios sea perfecto, enteramente preparado para toda buena obra.*

La Biblia es suficiente para salvación

El primer punto que podemos sacar de este texto es que la Biblia es suficiente para darnos la enseñanza que necesitamos para obtener la salvación. Pablo le dice a Timoteo en el versículo 15 que "las Sagradas Escrituras", frase usada a menudo para referirse a la Biblia, son suficientes ("poder") para darle acceso a la verdad que necesita ("hacerlo sabio") para ser salvo por la fe en Cristo.

El Espíritu Santo usa la Palabra de Dios en la vida del ser humano como medio por el cual este llega a tener fe en Cristo. El Espíritu Santo es ciertamente el agente de regeneración, pero no es que de alguna manera "toque" milagrosamente a alguno sin que este comprenda las verdades del evangelio. La regeneración es sobrenatural, pero sucede a través de la proclamación de la Palabra Dios.

Por ejemplo, Pablo dice en Romanos 10 que las personas no serán salvas sin que alguien les predique la Palabra de Dios (v. 14) porque "la fe es por el oír, y el oír, por la palabra de Dios" (v. 17). En Lucas 10, un abogado le preguntó a Jesús: "¿Haciendo qué cosa heredaré la vida eterna?" (v. 25). Jesús responde, sabiendo que el abogado lo está probando: "¿Qué está escrito en la ley? ¿Cómo lees?" (v. 26). En otras palabras, todo lo que necesitamos para vida eterna se encuentra en las Escrituras. En Lucas 16, cuando el hombre rico, en Hades, le pide a Abraham que envíe a Lázaro a la casa de su padre para advertir a sus hermanos sobre el juicio (vv. 27-28), Abraham responde: "A Moisés y a los profetas tienen; óiganlos" (v. 29).

Es decir, todas las advertencias necesarias para llevar a una persona a la salvación, se encuentran en la Palabra de Dios.

Por lo tanto, la Biblia es lo único que necesitamos para conducirnos a la fe en Jesucristo. Pero eso no es lo único para lo cual la Biblia es suficiente, según 2 Timoteo 3.

La Biblia es suficiente para santificación

La Biblia no solo es todo lo que necesitamos para ser salvos, sino que también es suficiente para hacer que el creyente sea "perfecto, enteramente preparado para toda buena obra" (2 Timoteo 3:17). La palabra traducida "perfecto" y la palabra traducida "preparado" son formas diferentes del mismo término que comunica la idea de estar perfectamente capacitado para una tarea.

¡Qué verdad tan increíble! La Biblia nos equipa para hacer absolutamente todo lo que Dios espera que hagamos. Pero, ¿en base a qué hace Pablo esta afirmación? Volvamos al versículo 16 para ver una explicación.

La primera afirmación acerca de las Escrituras que hace Pablo es que literalmente es "inspirada por Dios". En Jeremías 1:9, Dios le dijo a Jeremías: "He aquí he puesto mis palabras en tu boca". Esta es la idea que comunica el término *Theopneustos* en 2 Timoteo 3:16. *Theos* significa "Dios" en griego y *neuma* significa "espíritu, aliento, soplo". Así que Dios literalmente "exhaló o causó una idea para registrarla en" las palabras mismas de las Escrituras. No dictó la Biblia a los autores humanos como si fueran simples secretarios, sino como nos dice 2 Pedro 1:21, "los santos hombres de Dios hablaron siendo inspirados por el Espíritu Santo". Cada autor humano escribió por su propia voluntad en su propio estilo literario, pero como era llevado adelante por el Espíritu Santo a medida que escribía, podemos estar seguros de que cada palabra en la Biblia ha sido exhalada por Dios mismo.

Deducimos varias implicaciones importantes de esta verdad de que cada palabra de la Biblia fue inspirada por Dios. Primero, porque la Biblia vino de Dios, y Dios es veraz al igual que inmutable, la Biblia es tanto inerrante (sin error) como infalible (incapaz de tener un error). En Mateo 5:18 Jesús dijo que ni una palabra de las Escrituras pasaría hasta que fuera cumplida. En Juan 10:35 dijo que "la Escritura no puede ser quebrantada". La Palabra de Dios es perfecta.

El hecho de que la Biblia fue exhalada por Dios también implica su autoridad. Ningún cristiano negaría que Dios sea la autoridad definitiva. Por lo tanto, no cabe duda de que si Dios es nuestra autoridad, entonces su Palabra infalible es igualmente nuestra autoridad.

La Biblia es suficiente para capacitarnos perfectamente para toda buena obra porque procede de Dios mismo. Podemos estar seguros de que tenemos todo lo que necesitamos en la Biblia misma a fin de agradar a Dios porque viene de él. Es perfecta, es completa y es la autoridad definitiva.

Pero no solo es la Biblia la autoridad definitiva, es también útil, como nos dice 2 Timoteo 3:16. Y recordemos que el principio del versículo identifica *"toda* la Escritura". Cada parte de la Palabra de Dios es útil para el cristiano.

La utilidad de las Escrituras nos confirma aún más su suficiencia para nosotros. La Biblia es nuestra autoridad, y cada parte de ella es útil. El término traducido "útil" es un vocablo que significa beneficioso, productivo y suficiente. La suficiencia de la Biblia está inherente en el significado de la palabra útil, articulada tan bien en Judas 3 donde el autor dice que la Biblia fue *"una vez* dada a los santos". No debemos esperar ninguna revelación adicional de Dios. Las Escrituras son suficientes para equiparnos.

La Biblia es suficiente para todas nuestras necesidades, tanto doctrinales como prácticas. Los términos "enseñar" y "redargüir" se relacionan más naturalmente con "aleccionar" en cuestiones de doctrina, y los términos "corregir" e "instruir en justicia" contienen la idea de adoptar y fomentar un comportamiento correcto.

La Biblia es suficiente, entonces, como nuestra autoridad y guía. Nos capacita totalmente para creer y vivir de una manera que glorifica definitivamente a Dios.

Lo que no significa la suficiencia de las Escrituras

Hemos visto, pues, por 2 Timoteo 3, que la Biblia es suficiente para nuestra salvación y nuestra santificación. Porque proviene directamente del aliento de Dios, es suficiente como nuestra autoridad y útil como nuestra guía.

Sin embargo, comprender esto no da por terminado todo debate en cuanto a qué, exactamente, significa realmente esta suficiencia. Por ejemplo, si fuéramos a discutir cómo se aplica la suficiencia de las Escrituras a la música que escogemos en nuestra vida, algunos pueden argumentar que como la Biblia realmente no habla para nada de estilos musicales, entonces los estilos no deben ser importantes para Dios. Si la Biblia es suficiente, y si la Biblia no toca un tema en particular, entonces no tenemos que preocuparnos de él, ¿no es cierto?

El debate realmente se centra en qué, exactamente, significa la frase "enteramente preparado para toda buena obra". La frase puede entenderse de una de dos maneras. Ilustraré los dos significados posibles de "enteramente preparado".

Después de que terminé mis estudios universitarios, viví un año como soltero. Inicié mi ministerio pastoral en Illinois dos días después de mi graduación. Le propuse matrimonio a Becky una semana después, pero tuvimos que esperar un año para que ella se graduara antes de casarnos.

Puesto que tenía que vivir solo durante un año y Becky quería que comiera comidas sanas durante todo ese tiempo, me regaló un libro de recetas titulado: *¡Auxilio! ¡Mi departamento tiene una cocina!*

Ella ya había descubierto mi gusto por la comida chatarra y sabía que a menos que las recetas fueran muy simples, no me prepararía alimentos saludables.

En un sentido, me dio el libro de recetas, diciendo: "Este libro de recetas te capacitará perfectamente para prepararte comidas sanas. ¡Úsalo!".

Sin embargo, no pasó mucho tiempo antes de que me diera cuenta que aunque el recetario me daba indicaciones muy claras sobre cómo preparar comidas, necesitaba más ayuda que la información en el libro. Cuando iba al mercado tenía que recurrir a Becky para preguntarle dónde podía encontrar ciertos ingredientes y la llamaba repetidamente mientras cocinaba porque necesitaba ayuda para interpretar diversas frases, expresiones e indicaciones.

Ahora bien, en realidad no había nada deficiente en el recetario mismo. Era absolutamente todo lo que necesitaba para preparar comidas sanas y ricas. La deficiencia estaba en mí. Yo necesitaba otra información para poder cocinar la comida, como por ejemplo dónde encontrar las cosas en el mercado, la definición de términos y cómo realizar ciertas acciones que alguna receta daba por sentado que el usuario entendía sin problema. El recetario era una guía pero yo necesitaba más información para aplicar sus indicaciones.

Esa es una manera de interpretar "enteramente preparado". Aquí va otra.

Imaginémonos que mi esposa me deja en casa con los dos chicos mientras ella va a un retiro de mujeres donde pasará la noche. Como parte de su preparación para ausentarse, me da una lista de cosas que tengo que hacer mientras ella no está: darle a los chicos ciertas comidas, bañarlos, acostarlos a cierta hora, asegurarme de ordenar todo lo que han desordenado, etc. Me dice: "Esta lista te capacitará perfectamente para cuidar a los chicos mientras no estoy".

Por el cuidado que tuvo al preparar la lista, puedo estar seguro de que si sigo las indicaciones, no me tengo que preocupar de nada. Si surge una decisión que no ha puesto en la lista pienso, con razón, que a ella en realidad no le importa qué decisión tomo. Por ejemplo, la lista no dice nada sobre qué pijamas le tengo que poner a mi chiquito antes de acostarlo, así que esa decisión la tomo yo.

Es decir, si me atengo a la lista, sé que haré todo correctamente. Cualquier otra cosa que no está en la lista, realmente no es importante.

Las personas encaran la aplicación bíblica en una de estas dos maneras. Para algunos, la Biblia es como una lista. Dios nos dio una lista de cosas que quería que hiciéramos, y una lista de las cosas que quería que evitemos, así que si algo no está en la lista, es algo que a Dios no le importa.

Para estas personas, la música es una de esas cuestiones que a Dios no le importa porque no está en "la lista".

En cambio, otros ven la Biblia más como un libro de recetas. Contiene todo lo que necesitamos para complacer a Dios, pero a veces necesitamos otra información para aplicar sus instrucciones.

Entonces, ¿cuál es la correcta?

La mejor manera de descubrir cómo debemos considerar a las Escrituras es observar lo que estas mismas dicen. Primero, consideremos Gálatas 5:19-21:

> [19] *Manifiestas son las obras de la carne, que son: adulterio, fornicación, inmundicia, lujuria,* [20] *idolatría, hechicerías, enemistades, pleitos, celos, iras, contiendas, divisiones, herejías,* [21] *envidias, homicidios, borracheras, orgías, y cosas semejantes a éstas. En cuanto a esto, os advierto, como ya os he dicho antes, que los que practican tales cosas no heredarán el reino de Dios.*

Tenemos aquí una lista de acciones pecaminosas que tenemos que evitar, como inmoralidad sexual, celos, borracheras. El hecho que esta es una lista puede sugerir que el concepto de "La-Biblia-como-una-lista" es la correcta, pero la intención de Pablo no es darnos una lista completa. Notemos que termina la lista diciendo: "cosas semejantes a estas". En otras palabras, la intención de esta lista, como otras a lo largo de las Escrituras, es ofrecer simplemente una lista representativa. Dios quiere que leamos listas como esta y que consideremos otras acciones que también debemos evitar porque son cosas "semejantes" a las de la lista. El hecho que Pablo llamó "manifiestas" a estas conductas indica que debiéramos poder discernirlas.

Consideremos también Hebreos 5:14:

Pero el alimento sólido es para los que han alcanzado madurez, para los que por el uso tienen los sentidos ejercitados en el discernimiento del bien y del mal.

El autor de Hebreos dice que una característica de la madurez espiritual es tener los sentidos ejercitados para discernir entre el bien y el mal aun cuando no tengamos instrucciones específicas sobre un asunto en particular. El que es inmaduro necesita instrucciones específicas.

Los que somos padres de familia entendemos bien esto. Antes de acostarse, le digo a mi hijito de dos años que guarde sus juguetes. A menudo tengo que darle indicaciones adicionales y más específicas. "Levanta ese autito azul. Ponlo en la caja. Levanta ese librito. Ponlo en el estante".

Pero de vez en cuando le digo a Caleb que guarde sus juguetes, y esa es la única indicación que necesita. Sin que yo le dé indicaciones específicas, discierne que tiene que guardar todos sus libros, poner los Legos en su caja y guardar sus autos de juguete. Es en esos momentos que identifico las primeras señales de desarrollo hacia la madurez.

Lo mismo sucede con el cristiano. La Biblia no es una lista de mandatos y prohibiciones. No es una enciclopedia con instrucciones específicas sobre cómo agradar a Dios.

En cambio, la Biblia es una guía totalmente suficiente para desarrollar una cosmovisión. No nos da listas específicas que abarcan todas las situaciones que podemos enfrentar en nuestra vida. Nos brinda maneras de ordenar nuestros pensamientos para poder escoger lo que es correcto aun cuando Dios no nos ha dicho explícitamente qué hacer en una situación dada. Hay cientos de situaciones que enfrentamos hoy que la Biblia no trata específicamente porque son situaciones que los autores y lectores originales nunca hubieran imaginado. La Biblia no nos capacita perfectamente para toda buena obra dándonos las decisiones exactamente correctas para cada situación que podemos enfrentar.

En cambio, la Biblia nos brinda centenares de narraciones que ilustran situaciones específicas que pueden ser parecidas a las que nosotros enfrentaremos. Nos da miles de mandatos y prohibiciones de los cuales podemos formular principios para aplicar a situaciones nuevas. Nos presenta una exposición de la naturaleza y del carácter de Dios a fin de que podemos tomar el tipo exacto de decisiones sin que tenga él que decirnos. De hecho, los que insisten que si la Biblia no trata algo entonces no importa lo que hacemos, limitan la utilidad de las Escrituras. ¡La Biblia se aplica a todo!

Hace algunos años renové el ático de casa y lo convertí en el cuarto matrimonial. A veces cuando surgían preguntas en particular le pedía a mi esposa su opinión para estar seguro de elegir algo que le agradara. Pero a menudo, porque ya conocía sus deseos y preferencias, podía tomar las decisiones sin consultarle. Sabía lo que le agradaría sin tener que preguntarle. Esto es lo que nos enseña a hacer la Biblia al querer agradar a nuestro Dios.

Entonces, suficiencia de las Escrituras no significa que la Biblia es todo lo que necesitamos para agradar al Señor. Sí significa que es la única revelación perfecta y con autoridad que necesitamos. Pero con frecuencia necesitaremos información adicional a fin de aplicar los principios bíblicos a nuestra vida.

Por ejemplo, a fin de agradar al Señor cuando manejo, necesito conocer las reglas de tránsito, el límite de velocidad y la mecánica para manejar un auto. A fin de agradar al Señor con mi cuerpo, necesito comprender algo sobre la naturaleza de la nutrición, el ejercicio sano y el efecto de ciertas sustancias (como nicotina o cafeína) sobre el cuerpo.

Y a fin de poder seleccionar música que agrada a Dios, tengo que comprender algo de cómo la música comunica y afecta la espiritualidad.

La Biblia no nos dice explícitamente qué tipo de música le agrada al Señor ni qué tipo de música le desagrada y ni siquiera si tales categorías existen. La Biblia no nos dice explícitamente cómo funciona la música ni cómo nos relacionamos con ella. Pero esto no significa que la música que elegimos sea dejada al azar ni que sea una cuestión de capricho o preferencia. Al igual que en muchos otros casos, podemos deducir lógicamente ciertas implicaciones de las declaraciones bíblicas sobre la música y ejemplos de música, y podemos valernos de información autorizada extra bíblica para contar con un conocimiento necesario acerca de la música, a fin de poder aplicarle los claros principios bíblicos. Tenemos que "examinarlo todo" y "retener lo bueno" (1 Tesalonicenses 5:21).

Ejercicio en su aplicación

Esta tipo de aplicación de las Escrituras, como Hebreos 5:14 muestra, requiere trabajo y ejercicio diligente. Pablo nos dice en 1 Timoteo 4:7, "Ejercítate para la piedad". Literalmente: "Entrénate continuamente para ser piadoso". Podemos decir que queremos agradar al Señor, podemos decir que queremos tomar las decisiones correctas en nuestra vida, pero a menudo no estamos dispuestos a trabajar duro y ejercitarnos para ser piadosos. La aplicación habilidosa de la Biblia viene únicamente de la ejercitación disciplinada.

A veces suponemos que la piedad es algo que ocurre como cosa natural en el cristiano. Pensamos que el cristiano tomará decisiones correctas automáticamente, y que la aplicación bíblica será fácil. Sin embargo, 1 Timoteo 6:11 enseña que el creyente tiene que buscar activamente la piedad: "Mas tú, oh hombre de Dios, huye de estas cosas, y sigue la justicia, la piedad, la fe, el amor, la paciencia, la mansedumbre".

El proceso de santificación, aunque inevitable, no es automático. La Biblia enseña que el creyente de hecho perseverará, pero también enseña que la perseverancia es un proceso activo que depende del creyente. El cristiano tiene que ir activamente tras la piedad. Requiere ejercitación. Esta palabra, "ejercítate"" en 1 Timoteo 4:7 está en tiempo presente, lo cual enfatiza que es un proceso actual y continuo. Es traducción en un término griego del cual se derivan nuestras palabras "gimnasio" y "gimnasia". Indica un entrenamiento vigoroso y abnegado. Pablo compara el ejercitarse para la piedad con el entrenamiento físico del atleta.

El énfasis de Pablo es de esforzarse para lograr la piedad. Es buscarla con constancia. No es una opción. La autodisciplina espiritual tiene valor eterno y es la clave para vivir piadosamente. Aprender a aplicar bien la Biblia a situaciones de la vida es algo que requiere esfuerzo, disciplina, fortaleza y paciencia.

Al tratar de aplicar la Biblia a situaciones contemporáneas, tenemos que contextualizar los principios bíblicos a situaciones modernas, y esto es un proceso de dos pasos.

Primero, tenemos que leer la Biblia como lo hubiera hecho el lector original y extraer los principios eternos. Esto requiere comprender los contextos de los lectores originales y el significado primario de varios temas; y a veces exige consultar fuentes extra bíblicas incluyendo herramientas idiomáticas, diccionarios, fuentes históricas y estudios arqueológicos.

Segundo, tenemos que aplicar esos principios eternos a contextos contemporáneos. Este paso requiere comprender la naturaleza del contexto contemporáneo, y también esto puede requerir consultar fuentes extra bíblicas. Los estudiosos de la Biblia utilizan regularmente fuentes extra bíblicas de la verdad al *interpretar* la Biblia. Entonces, ¿por qué algunos se niegan a usar otras fuentes al tratar de *aplicar* la Biblia?

Cuando consultamos fuentes extra bíblicas en estos dos pasos, reconocemos que la autoridad definitiva es la Palabra de Dios, la cual autoriza todo nuestro conocimiento. Pero también reconocemos que la Biblia misma testifica de la verdadera autoridad de la revelación general como la fuente de la verdad (Romanos 1:20). Es decir, aunque la Biblia es nuestra autoridad suprema y fuente de la verdad, fuera de sus páginas existe también verdad auténtica, y esa verdad agrega habilidad a nuestro entendimiento al encarar la tarea de aplicarla.

¡A veces las aplicaciones bíblicas dan mucho trabajo! La vida cristiana no es para vivirla pasivamente. Tiene que ser de ejercitación activa, dedicada y disciplinada hacia la piedad. Dios nos ordena buscar activamente la piedad por medio de una ejercitación intensa que incluye cómo aplicar bien la Biblia a todas nuestras decisiones.

Entonces si nuestra meta es aplicar los principios bíblicos a temas relacionados con la música, tenemos que contar con al menos un conocimiento básico de cómo funciona la música y cómo nos relacionamos con la música. Si uno quiere tomar buenas decisiones en el debate de la traducción bíblica, tiene que comprender algo de la filosofía de la traducción y la historia de la traducción de la Biblia. Si uno quiere tomar buenas decisiones con respecto a que si el cristiano de hoy debiera consumir alcohol, tiene que comprender la naturaleza del alcohol y las condiciones culturales en el Medio Oriente

Antiguo. Lo mismo se aplica a la música. Esto no significa que hay que entender teoría musical ni ser un músico consumado. Pero si uno va a aplicar los principios bíblicos sobre comunicación en el campo musical sí tiene que contar con un conocimiento básico de la manera como la música comunica.

Aplicación de la Biblia al tomar decisiones musicales

En suma, al comenzar una discusión sobre decisiones musicales que agradan al Señor, tenemos que reconocer varios puntos importantes.

Primero, la Biblia es suficiente como nuestra autoridad en estos temas. Tenemos que dedicarnos a conocer a fondo las verdades de las Escrituras para poder tomar decisiones que agradan a Dios acerca de la música.

Segundo, necesitamos dar cuidadosa atención a otra información que pueda ser útil en nuestra toma de decisiones. En particular, tenemos que entender algo sobre cómo comunica la música. Tenemos que comprender los propósitos de la música en nuestra vida en general, y en especial con respecto a la adoración. Tenemos que comprender la naturaleza de la hermosura y su relación con la gloria de Dios.

Comprender algunas de estas cosas puede demandar pensar y trabajar con cuidado. Pero eso es lo que se requiere de los que quieren agradar a Dios con sus decisiones aplicando la Biblia al tomarlas, incluyendo la música que vamos a disfrutar.

3. ¿Por qué cantamos en la iglesia?

Hace un tiempo conocí a un señor que asistía a una iglesia donde le encantaba la predicación pero no toleraba la música. Me contó que cada domingo llegaba 45 minutos tarde al culto porque para entonces había terminado la música y podía disfrutar del mensaje.

Conozco a otro señor que se niega a cantar en los cultos de su iglesia porque no le gusta cantar. Para él, cantar himnos es solo para aquellos que les gusta hacerlo. Para él está bien que otros canten, pero él asiste únicamente para escuchar la predicación.

Sé de otros que demandan que su iglesia se ajuste a sus preferencias musicales. Si en su iglesia no se toca la música que les gusta, simplemente se van a otra iglesia. Y todos conocemos iglesias con múltiples cultos y aun múltiples sedes, cada uno hecho a medida para un estilo de música en particular.

Todos estos casos tienen algo en común, y tiene que ver con lo que las personas creen que es el propósito principal de la música en la iglesia. La consideran completamente irrelevante o solo algo para disfrutar al reunirse para adorar al

Señor. Si fuéramos a preguntarles qué es para ellos el propósito de la música en la adoración, probablemente responderían algo como: la música sagrada es la verdad presentada de una manera linda. Tomamos una verdad doctrinal sólida, y le ponemos una tonada que disfrutamos, fácil de recordar y de este modo podemos aprender la verdad. Esta respuesta tiene algo de validez, pero opino que es inadecuada.

El motivo por el cual este tipo de respuestas es inadecuado es que ignora completamente la razón principal por la cual tenemos música sagrada. Los que responden de esta manera se enfocan solo en las palabras de la música sagrada, y no tienen en cuenta a la música misma ni la forma poética de la letra. El peligro de esta manera de pensar es que lleva a la filosofía que siempre y cuando la letra sea bíblicamente correcta, podemos usar cualquier forma musical que nos guste, o podemos eliminar la música del culto.

Entonces, ¿por qué cantamos en los cultos de adoración?

Para contestar esta pregunta, tenemos primero que responder a esta: ¿Qué es adoración?

¿Qué es adoración?

El texto principal que nos explica la esencia de la adoración se encuentra en Juan 4:21-24. En este pasaje Jesús se encuentra con la mujer samaritana junto al pozo. Con el fin de evadir el tema de su pecado, la mujer le pregunta a Jesús acerca de las formas externas de la adoración: Los samaritanos dicen que debemos adorar en el Monte Gerizim los judíos creen que debemos adorar en el monte Zion, entonces, ¿cuál es la manera correcta de adorar? Jesús responde los versículos 21-24:

> *²¹ Jesús le dijo: Mujer, créeme, que la hora viene cuando ni en este monte ni en Jerusalén adoraréis al Padre. ²² Vosotros adoráis lo que no sabéis; nosotros adoramos lo que sabemos; porque la salvación viene de los judíos. ²³ Mas la hora viene, y ahora es, cuando los verdaderos adoradores adorarán al Padre en espíritu y en verdad; porque también el Padre tales adoradores busca que le adoren. ²⁴ Dios es Espíritu; y los que le adoran, en espíritu y en verdad es necesario que adoren.*

Pero los judíos y los samaritanos se preocupaban por las formas externas de la adoración, y con buena razón. Dios había establecido formas muy específicas para la adoración judía en el Antiguo Testamento. No obstante, Jesús respondió que con su venida, los ritos externos ya no eran necesarios. En cambio, se enfocó en lo que la esencia de la adoración siempre ha sido: la respuesta del espíritu a la verdad. La adoración sucede cuando el creyente comprende la verdad acerca de Dios y responde debidamente en su espíritu.

Siendo así, la adoración del cristiano debe realmente abarcar toda la vida. La adoración no se limita a las reuniones congregacionales de la iglesia el domingo por la mañana. En cada momento de nuestra vida debemos responder debidamente con nuestro espíritu a la verdad de Dios. Sin embargo, para los fines de esta discusión, enfoquemos nuestra atención específicamente en la adoración congregacional y la música que seleccionamos para estas ocasiones.

Adoración en verdad

El primer componente esencial de la adoración es la verdad. Esta afirmación tiene dos implicaciones.

Primero, tenemos que adorar de acuerdo con las instrucciones de Dios en su Palabra. No podemos adorar de cualquier manera que se nos ocurra, debemos adorar como le agrada a Dios. Notemos lo que Cristo dice en el versículo 22: "Vosotros adoráis lo que no sabéis; nosotros adoramos lo que sabemos; porque la salvación viene de los judíos". En otras palabras, en aquel tiempo los judíos estaban adorando correctamente porque estaban siguiendo las instrucciones sobre la adoración que les habían sido dadas en la Palabra de Dios. Los samaritanos habían inventado sus propias maneras de adorar a Dios.

Entonces, ¿cuál es la manera debida de adorar que Dios ha ordenado en su Palabra? Primero, tenemos que adorar al único Dios vivo y verdadero. Esto es lo que expresa el Primer Mandamiento: "No tendrás dioses ajenos delante de mí" (Éxodo 20:3).

Segundo, tenemos que adorar a través de la persona de Jesucristo. Su sacrificio es lo que hace posible nuestra adoración, y es únicamente a través de su ministerio como sumo sacerdote que podemos acercarnos al Santo Dios en adoración.

> [11] *Pero estando ya presente Cristo, sumo sacerdote de los bienes venideros, por el más amplio y más perfecto tabernáculo, no hecho de manos, es decir, no de esta creación,* [12] *y no por sangre de machos cabríos ni de becerros, sino por su propia sangre, entró una vez para siempre en el Lugar Santísimo, habiendo obtenido eterna redención.* [13] *Porque si la sangre de los toros y de los machos cabríos, y las cenizas de la becerra rociadas a los inmundos, santifican para la purificación de la carne,* [14] *¿cuánto más la sangre de Cristo, el cual mediante el Espíritu eterno se ofreció a sí mismo sin mancha a Dios, limpiará vuestras conciencias de obras muertas para que sirváis al Dios vivo? (He. 9:11-14).*

Tercero, Dios nos ha dado fórmulas y ejemplos claros de los elementos que podemos incluir en la adoración congregacional del Nuevo Testamento. Estos elementos aprobados por Dios en las Escrituras son: lectura (1 Timoteo 4:13), predicación (2 Timoteo 4:2), canto (Efesios 5:19; Colosenses 3:16), ordenanzas del bautismo y de la Cena del Señor (Hechos 2:41-42) y ofrendas (2 Corintios 16). Si hemos de adorar en verdad, no podemos agregar ningún otro elemento basado en nuestra originalidad o creatividad.

En suma, primero, adorar en verdad significa que adoramos según Dios lo ha mandado en su Palabra.

Segundo, la adoración en verdad significa que el contenido de nuestra adoración presenta obligadamente la verdad que viene de Dios. Esto significa que la predicación es indudablemente importante como un elemento de la adoración en conjunto. Es por esto que Pablo le manda a Timoteo diciendo: "Entre tanto que voy, ocúpate en la lectura, la exhortación y la enseñanza" (1 Timoteo 4:13). Y esta es una de las razones por las cuales cantamos en el culto de la iglesia. Los textos de nuestros himnos deben contener esencialmente la riqueza de la verdad acerca de Dios. No podemos adorar sin comprender la verdad bíblica.

Adoración en espíritu

Pero la adoración no termina con simplemente comprender la verdad. Como le dice Cristo a la mujer en Juan 4, Dios quiere que todos los que lo adoran lo hagan en *espíritu* y en verdad. En el texto original hay una sola preposición, "en", que cubre ambos sustantivos. En otras palabras, debiera leerse "en espíritu y verdad". No "en espíritu y *en* verdad", como dicen algunas traducciones. Lo que esto indica es que estas dos cualidades no son características separadas de la verdadera adoración. Están esencialmente conectadas. Sin una o la otra no hay adoración verdadera.

Ahora bien, ¿qué quiso decir Jesús cuando se refirió a "espíritu"? Consideremos el contexto. La mujer estaba preguntando acerca de dos sitios específicos, ¿cuál monte es el correcto, este o aquel? En su respuesta, Cristo le quitó todo el énfasis a los sitios físicos y a los rituales de adoración a favor de respuestas espirituales, no materiales; es decir, respuestas del corazón, respuestas de los afectos.

La verdadera adoración involucra responder a la verdad en nuestro corazón. Cristo mismo dijo que el primer mandamiento es amar al Señor con todo nuestro ser (Marcos 12:3). Involucrar nuestros afectos en lo que significa adorar al Señor es primordial.

Ahora necesitamos detenernos un momento y considerar esta noción de los afectos, porque menudo se mal entiende en la actualidad. Cuando digo "afectos", no me refiero solo a sentimientos físicos, cosas como exaltación, "enchinarse la piel" (estar con los pelos de punta, tener la piel de gallina), lágrimas o euforia. El afecto puede ir acompañado de sentimientos físicos, pero los sentimientos mismos no definen el afecto.

Hay tres razones por las que debemos comprender la diferencia entre afectos espirituales y afectos físicos. Primero, la personalidad individual juega un papel significativo en qué clase de sentimientos o la intensidad de los sentimientos que podemos sentir junto con un afecto. Algunas personas son extrovertidas. Podemos decir de ellas que "muestran" sus emociones. Lo que queremos decir es que alguien así es expresivo por naturaleza, y por lo tanto los afectos internos tienden a revelarse enseguida de maneras observables, físicas. Pero no podemos definir el afecto por medio del sentimiento porque quizá otro no tenga esa misma sensación de manera externa.

Segundo, podemos tener diferentes tipos de sentimientos en distintos momentos; aunque los afectos que tengamos sean los mismos. A veces, cuando tengo el afecto de gozo siento paz, calidez, bienestar y serenidad. Otras veces, cuando siento el afecto que llamamos "gozo", me siento emocionado, entusiasta y alegre. Es el mismo afecto, pero hay diversas maneras diferentes de "sentir" físicamente ese afecto dependiendo de las circunstancias.

Pero la razón principal por la que no podemos comparar los afectos espirituales con sentimientos físicos es que los sentimientos físicos pueden ser estimulados sin pensarlo y sin afecto espiritual. Uno puede tener un sentimiento físico que acompaña el afecto de alegría, pero el mismo tipo de sentimiento puede ser artificialmente estimulado por una "montaña rusa".

La diferencia entre sentimientos que son solo reacciones químicas a un estímulo y afectos que resultan en sentimientos es como la diferencia de reír porque nos han hecho cosquillas y reír al escuchar un chiste. Cuando le hago cosquillas a mi chiquito tiene ciertas sensaciones que resultan en risa, pero en su mente no está pasando nada intelectualmente. Simplemente está reaccionando a un estímulo. No obstante, si yo le dijera a alguien un chiste, tendría la misma reacción física de la risa, pero sería porque comprendió intelectualmente el chiste.

Aquí va otro ejemplo. Cuando estaba en la universidad, un amigo se metió en mi cama mientras me encontraba fuera del cuarto justo antes de tener que apagar las luces en el dormitorio. Entré en el cuarto, apagué las luces, y me metí en cama sin darme cuenta de nada. Después de un momento de silencio, mi amigo gritó: "¡Bu!" y yo salté de la cama. ¡Es cierto que alteró mis emociones! Pero el sentimiento no tuvo nada que ver con una respuesta espiritual, interior de mis afectos. Fue simplemente una reacción química a un estímulo externo.

Cuando Jesús dice que adoremos "en espíritu", se refiere a una respuesta de nuestro corazón después de haber comprendido y confirmado la verdad, y puede ser que vaya acompañado de sentimientos físicos o que no haya tal expresión.

Cómo facilitar la adoración en espíritu y verdad

Entonces, ¿cómo podemos adorar en espíritu y verdad en una reunión congregacional? Es fácil listar los tipos de cosas que usamos en un culto de la iglesia con el propósito de enseñar la verdad. Enseñar, predicar, leer las Escrituras y la letra de nuestros himnos; todo eso ayuda a enseñar la verdad a nuestra mente.

Pero, ¿qué de adorar en espíritu? ¿Cómo podemos responder con nuestro espíritu después de que la verdad ha sido presentada en el culto de adoración? Podemos, por supuesto, sencillamente decirle al Señor que lo amamos, o que nos regocijamos en él, pero en realidad las palabras resultan inadecuadas para expresar lo que hay en nuestro corazón, ¿no es cierto?

Aquellos que son padres de familia saben lo que es faltarles palabras para expresar el gozo cuando nace un hijo. Aquellos que han perdido a seres queridos saben lo limitadas que son las simples palabras para expresar el dolor de la pérdida. Las palabras solas son inadecuadas para expresar nuestros afectos.

No solo eso, sino que las palabras son inadecuadas para enseñarnos qué afectos debiéramos expresarle a Dios. Puedo decirle a alguno: "Regocíjese en el Señor", pero ¿qué quiero decir con "regocíjese"? ¿Significa un tipo de entusiasmo bullicioso como el que puedo sentir en un evento deportivo? ¿Quiero decir una paz cálida que me invade cuando miro jugar a mis hijos?

Puedo decir: "Ame a Dios". Pero qué quiero decir con "ame". ¿Estoy hablando de algo que me encanta, como me encanta la pizza? ¿Quiero decir el tipo de amor que siento por mi esposa o mis hijos? ¿Quiero decir el tipo de "amor" que una adolescente expresa por una estrella de rock? Cada uno de estos puede ser llamado "amor".

Como vemos, no todas las emociones son iguales, y las simples palabras no expresan los matices necesarios para distinguir entre *tipos de* gozo o *tipos* de amor.

Entonces, si quiero expresarle al Señor no un tipo de gozo frívolo, sino el tipo de gozo reverente que merece, pero no sé exactamente cómo expresarlo, necesito algo que me ayude a distinguir entre ambos. Si quiero expresarle amor a Dios, pero no sé cómo expresarle el amor aceptable en lugar de un amor romántico, necesito algo que me ayude a distinguir entre ambos.

Como vemos, necesitamos algo además que simples palabras para ayudarnos a expresar nuestros afectos a Dios, al igual que enseñarnos las cualidades de los afectos correctos.

El lenguaje de nuestro espíritu

Dios nos ha dado el don de la música para ayudarnos con la parte de la adoración que tiene que ver con "el espíritu". Una vez que hemos comprendido la verdad acerca de Dios, la música es una herramienta que él nos ha dado como un lenguaje para manifestarle nuestros afectos, y para enseñarnos los tipos de afectos que debemos expresarle.

Expresión de nuestro espíritu

Encontramos este beneficio doble de la música en la adoración expresado en lo que quizá son los dos pasajes en el Nuevo Testamento más conocidos que hablan de la música. El primero es Efesios 5:19:

Hablando entre vosotros con salmos, con himnos y cánticos espirituales, cantando y alabando al Señor en vuestros corazones.

Notemos que la última frase identifica al corazón como el enfoque principal de la música. La música brinda una manera de expresar nuestros afectos al Señor. Podemos hacerlo con o sin palabras. Notemos que el versículo dice

"cantando" —Esta es una palabra indica música vocal muy probablemente con palabras, y

"alabando" —Esta es una palabra que se refiere literalmente a tocar un instrumento de cuerdas, a música instrumental.

Así que, literalmente: "canta y rasguea, con tu corazón al Señor".

Como dijimos anteriormente, las palabras no pueden expresar adecuadamente lo que sentimos. La música sagrada —es decir, poesía y música— nos da el mensaje que nos falta para expresar nuestros afectos. Por tanto, cuando en un culto de la iglesia reflexionamos sobre la verdad y bondad divina, usamos música para ayudarnos a tomar un paso más y responder con nuestros afectos. Creemos en la santidad de Dios, pero cuando le damos a esa verdad una tonada apropiada, podemos expresar cómo nos sentimos acerca de esa verdad. Creemos que Jesús fue crucificado por nosotros en la cruz, pero cuando le damos a esa verdad una tonada apropiada, podemos expresar mejor cómo nos sentimos ante esa verdad cuando las simples palabras no serían suficientes.

Ahora bien, la emoción por la emoción misma no es lo que buscamos. Muchas iglesias contemporáneas aciertan cuando insisten en que expresar emociones es una parte crítica de la obra de la iglesia. No obstante, a menudo malinterpretan las emociones y terminan por enfocarse en la emoción por la emoción en sí, aparte de la conexión necesaria con la verdad bíblica. Me temo que hay muchas iglesias que tienen doctrinas excelentes pero que están utilizando música pop con esas doctrinas, y lo hacen porque confunden los sentimientos físicos con las respuestas bíblicas y auténticas del espíritu: los afectos verdaderos. Tampoco reconocen que no todas las emociones son iguales. Algunos tipos de expresiones emocionales son simplemente inapropiadas para rendirle culto a Dios.

Enseñanza a nuestro espíritu

Entonces, la música nos ayuda a expresar el afecto apropiado por la verdad que no podemos poner en palabras y, segundo, la música educa a nuestras emociones. Ningún pasaje ilustra mejor este punto de la música como maestra de las emociones que Colosenses 3:16:

La palabra de Cristo more en abundancia en vosotros, enseñándoos y exhortándoos unos a otros en toda sabiduría, cantando con gracia en vuestros corazones al Señor con salmos e himnos y cánticos espirituales.

Notemos que dice que debemos enseñarnos y exhortarnos unos a otros con música. No dudo que la enseñanza aquí involucra usar palabras para enseñar la verdad al igual que la bondad. Pero la parte principal de hombre que es enseñada por la música es la de sus emociones. Esto se evidencia por la frase "con gracia en vuestros corazones", que enfatiza el aspecto interior. En Efesios 5 vimos el mismo énfasis de la música en el interior, en el corazón. Lo repetimos: estos versículos se refieren más que simplemente a la música con palabras, se refieren también a la música instrumental. Por lo tanto, la música nos ayuda a educar las emociones de los creyentes.

Las Escrituras evidencian esta realidad. Cuando Saúl se encontraba en una estado emocional terrible, David usó la música para cambiar y mejorar sus emociones (1 Samuel 16:23). Cuando Pablo y Silas estaban en la cárcel, usaron himnos para levantarles el ánimo (Hechos 16:25).

Así como necesitamos la enseñanza para corregir nuestros pensamientos y actos erróneos, necesitamos corregir nuestros sentimientos equivocados. Si manejando por la calle, otro auto inadvertidamente le corta el paso a alguno, enseguida este se enfurece. Los cristianos tienen la misma clase de sentimientos equivocados. Y cuando llenamos nuestra vida de música que expresa furia, no estamos haciendo nada para solucionar nuestro problema. No estamos ayudando a santificar nuestras emociones.

Creo que uno de los problemas más grandes en las iglesias, y especialmente con los jóvenes, es un concepto no bíblico, sentimental y sensual del amor. También aquí, el amor es más acerca de los sentimientos mismos que del afecto bíblico, verdadero. Uno de los factores que ha llevado a esto, creo yo, es llenar nuestra vida con música que no parece abiertamente mala, pero que expresa un concepto de la vida y el amor sentimental, meloso y superficial. Y entonces, para peor, llevamos la misma clase de música a la iglesia, y nuestro concepto del amor a Dios es igualmente equivocado.

En cambio, tenemos que considerar la música en general, y la música sagrada en particular, como una herramienta que nos ayuda a enseñarnos a nosotros mismos cómo deberíamos sentirnos, cómo deberíamos responder a la verdad de Dios con nuestros afectos.

Conclusión

En suma, la razón por la que usamos música en la iglesia, es: Primero, para que nos ayude a expresar el afecto que corresponde al Señor. Una vez que comprendemos la verdad, la música nos ayuda a responder con nuestros afectos cuando de otra manera no tenemos las palabras apropiadas para hacerlo. Segundo, la buena música educa nuestras emociones y nos indica lo que deberíamos estar sintiendo. Cuando no sabemos qué tipo de afecto deberíamos tener, o cuando de hecho tenemos emociones equivocadas, la buena música puede enseñarnos qué tipo de afecto es correcto.

Podemos sacar varias aplicaciones prácticas muy importantes de este entendimiento del propósito de la música en la adoración. Primero, establecer la filosofía de la música para una iglesia es la responsabilidad del liderazgo pastoral, tal como lo es establecer la filosofía de la predicación. Las expresiones del espíritu y la educación del espíritu son potencialmente igual de importantes y de peligrosas como expresiones de la verdad o de enseñar la verdad. Esto significa que no cualquiera en la iglesia puede exigir cierto canto o estilo musical como tampoco puede exigir cierta doctrina. Puede sugerir o solicitar, por supuesto, pero al final de cuentas las decisiones definitivas tienen que dejarse a las autoridades pastorales.

Segundo, la participación activa en el canto de la iglesia no es opcional. Cada adorador debe participar del canto, porque cantar no es meramente un lindo paquete para presentar la verdad sino un medio esencial ordenado por Dios para expresar y enseñar acerca de los afectos apropiados en la adoración. No tenemos la opción de cantar o no, así como no tenemos la opción de escuchar o no a la predicación, participar en la lectura de las Escrituras, vivir una vida santa o amar a Dios.

Tercero, en el culto debe usarse solo música que expresa emociones que son apropiadas para adorar a Dios. Dado que no todos los tipos de emociones son apropiados para expresar a Dios nuestros afectos tampoco lo son todos los tipos de música.

Por último, todas nuestras decisiones musicales tienen importancia porque cada interpretación musical va fijando nuestros afectos. Hemos enfocado en este capítulo a la música sagrada, pero aun la música que no tiene una letra cristiana incide sobre nuestro espíritu, nos impide apreciar debidamente la buena música o nos ayuda a desarrollar afectos correctos.

Si siempre ha considerado usted a la música sagrada como simplemente algo placentero para confirmar la verdad bíblica, quizá necesita cambiar su manera de pensar y reconocer el gran poder e importancia de la música en la adoración.

4. ¿Cómo debemos evaluar la comunicación musical?

"No hay nada no cristiano o anticristiano en ninguna clase de música"[13].

Esto dijo Harold Best, decano emérito de música de Wheaton College. Más adelante volvió a enfatizar que: "La música es neutral, moralmente hablando"[14].

Este sentimiento no es extraño entre los cristianos en la actualidad. De hecho, es probablemente su creencia más común. Pero, ¿puede esta idea de que la música es completamente neutral prevalecer al considerarla a la luz de las Escrituras y la comprensión de la ciencia de la música?

La comunicación musical en la Biblia

Muchos postulantes de la neutralidad de la música argumentan que como la Biblia no dice explícitamente que la

---

[13] Harold Best, *Music through the Eyes of Faith* (La música a través de los ojos de la fe) (San Francisco: Harper, 1993), 52.
[14] Ibíd., 59.

música comunique, entonces no lo hace. Este concepto interpreta y aplica las Escrituras equivocadamente; la Biblia sí implica la comunicación musical en varios casos.

Adoración que suena a guerra

Uno de los primeros ejemplos en las Escrituras de la música comunicando un mensaje reconocible se encuentra en Éxodo 32. Moisés se encontraba en el Monte Sinaí recibiendo del Señor los Diez Mandamientos mientras Josué lo esperaba un poco más abajo. Después de recibir las tablas de la Ley, Moisés y Josué comenzaron a descender de la montaña al campamento de los israelitas. Al acercarse, Josué oyó voces. "Alarido de pelea hay en el campamento", le dijo a Moisés a la vez que quizá tomó su espada (v. 17).

Pero Moisés sabía exactamente lo que estaba pasando. Es que antes de bajar la montaña, el Señor mismo le había dicho a Moisés que su pueblo se había apartado de él y comenzaba a adorar a un ídolo. Moisés sabía que lo que Josué oía con sus oídos jóvenes no era el sonido de guerra, sino el de adoración: adoración a Jehová usando métodos paganos. Lo que parecía alaridos no era el sonido de haber ganado o perdido una guerra, era música. Pero lo importante para nuestros fines es que la música que los israelitas estaban usando en su adoración comunicaba un mensaje muy claro a Josué, un mensaje de caos y tumulto, un mensaje que Josué asociaba con guerra.

Este relato no enseña explícitamente nada acerca de la música en sí, pero de hecho implica que la música puede comunicar mensajes y por lo tanto sugiere decididamente ciertas asociaciones a nuestra mente.

Da alivio al espíritu

Quizá el pasaje más conocido acerca de los efectos de la música es 1 Samuel 16:1-23. El rey Saúl había desobedecido a Dios, esto le había costado el trono y David había sido ungido rey de Israel. En el versículo 14 leemos: "El Espíritu de Jehová se apartó de Saúl, y le atormentaba un espíritu malo de parte de Jehová".

Notemos el contraste entre dos clases de "espíritus": el "Espíritu de Jehová" y un "espíritu malo de parte de Jehová". El "Espíritu de Jehová" es definitivamente el Espíritu Santo y es muy probable que se refiera a la unción especial que recibían los representantes terrenales en la economía del Antiguo Testamento. Una vez que Saúl perdió su derecho de ser rey, esa unción especial del Espíritu Santo le fue quitada.

En lugar del Espíritu Santo, a Saúl lo dominaba ahora "un espíritu malo de parte de Jehová". Hay algo de desacuerdo en cuanto a qué exactamente era este "espíritu". Algunos toman la posición de lo que atormentaba a Saúl era un espíritu demoníaco, y eso es una posibilidad.

Pero como este espíritu es "de parte de Jehová", lo más probable es que este término se refiera a una condición mental o emocional. En otras palabras, "espíritu" se refiere al propio espíritu de Saúl. La frase podría traducirse correctamente: "Saúl cayó presa de un espíritu atribulado procedente del Señor". O sea, en lugar de su unción especial, Dios causó que Saúl cayera presa de una condición emocional turbulenta.

El que Saúl estuviera sufriendo un algún tipo de condición emocional turbulenta preocupaba a sus siervos y los movía a buscar una solución. Sus siervos sabían que muchas veces las emociones como esas podían ser aliviadas con música apacible y hermosa, y entonces Saúl mandaba a buscar a David para que tocara su arpa. Y, a medida que David tocaba, "Saúl tenía alivio… el espíritu malo se apartaba de él" (v. 23).

Lo que implica este pasaje es que la música puede comunicar mensajes a nuestro espíritu —a nuestras emociones— de una manera que de hecho las cambia. Cuando estamos sufriendo una condición emocional como depresión o desasosiego, la música que comunica paz y serenidad puede calmarnos y cambiar nuestras emociones.

Emoción instrumental

La Biblia contiene varios pasajes que implican comunicación musical:

Se ha cambiado mi arpa en luto, y mi flauta en voz de lamentadores (Job 30:31).

Por tanto, mis entrañas vibrarán como arpa por Moab, y mi corazón por Kir-hareset (Isaías 16:11).

Por tanto, mi corazón resonará como flautas por causa de Moab, asimismo resonará mi corazón a modo de flautas por los hombres de Kir-hares; porque perecieron las riquezas que habían hecho (Jeremías 48:36).

En otras palabras, la Biblia utiliza los sonidos de instrumentos musicales como metáforas para describir ciertos estados emocionales. Un harpa puede tocarse de modo que imite un lamento o llanto humano, la flauta puede producir tonos melancólicos y de otras emociones perturbadoras. Estas son emociones que todas las personas de todos los tiempos y lugares comparten.

Metáfora emocional

Vemos entonces, que la Biblia implica en varios lugares que la música instrumental, sin contener palabra alguna, puede comunicar mensajes emocionales, pero no nos dice qué tipos de música comunican ciertos mensajes ni tampoco cómo lo hacen. Para descubrir cómo y qué comunica la música tenemos que enfocar la ciencia de la música misma.

La música es un medio de comunicación. En particular, la música comunica por medio de metáforas emocionales. En otras palabras, usando símbolos, la música puede comunicar diversos estados de ánimo y emociones. Los símbolos son esencialmente asociaciones: X es *como* Y, por lo que X puede *representar* Y. Mi amor es como una rosa roja, roja, porque mi amor me recuerda la belleza y delicadeza de una rosa y, por lo tanto, asocio mi hermoso y delicado amor con una rosa. En este sentido, toda comunicación musical se basa en asociaciones. La música no es en sí misma una emoción sino que consta simplemente de símbolos que las representan. No crea emociones sino que expresa ideas de ellas. La música nos comunica ciertos estados de ánimo y emociones porque asociamos sus símbolos con diversos estados emocionales.

Asociación convencional

Algunos simbolismos son puramente asociaciones con convencionalismos hechos por el hombre. Los colores rojo, blanco y azul no poseen una asociación inherente con el patriotismo estadounidense, pero como son los colores de su bandera, tienen para ellos en particular, una representación simbólica de orgullo por la patria. Levantar el brazo derecho extendido, a un ángulo de 45 grados en frente del cuerpo no tiene una asociación inherente con el fascismo y la tiranía, pero porque ese gesto era un saludo nazi a Hitler, tiene una representación simbólica de tiempos terribles.

Algunas comunicaciones musicales ocurren por estas clases de asociaciones convencionales. A veces estas asociaciones se aplican a individuos o grupos pequeños en particular, otras veces incluyen culturas o épocas enteras. A veces tales asociaciones terminan por desaparecer, mientras que en algunos pocos casos duran mucho tiempo. Como sucede cuando un esposo le dice a su amada: "Cariño, están tocando nuestra canción".

Por ejemplo, la sección final de la obertura de la ópera de Rossini, *Guillermo Tell,* se asocia a menudo con el enmascarado "Llanero Solitario" montado en su caballo Silver. Por supuesto que no hay nada inherente en esta música instrumental para sugerir automáticamente esta figura, pero porque esas son las frases musicales usadas como tema del show del "Llanero Solitario", asociamos aquellos símbolos musicales con su imagen.

En una ocasión un misionero norteamericano en Gran Bretaña usó el himno "De Ti Se Dicen Gloriosas Cosas" en un culto dominical. En cuanto comenzó el himno, un anciano inglés se puso de pie, y, evidentemente molesto, se retiró del salón. Más adelante, el misionero se enteró de que el hombre era veterano de la Segunda Guerra Mundial quien asociaba la tonada de ese canto, que era la tonada del Himno Nacional Alemán, con los nazis que habían bombardeado sin piedad a su país. No había nada inherente en la tonada para ofender a este anciano, simplemente la asociaba con tiempos terribles de su pasado.

Asociación natural

Por otro lado, algunos simbolismos son asociaciones naturales. Los nubarrones negros naturalmente significan que viene una tormenta porque invariablemente son parte de las tormentas. Un símbolo de un relámpago significa naturalmente electricidad porque tiene una forma asociada naturalmente con electricidad. Un rostro con el ceño fruncido

significa naturalmente tristeza porque acompaña naturalmente el sentimiento de tristeza. Para que un significado
simbólico sea natural, la asociación entre el símbolo y el objeto
tiene que ocurrir con naturalidad en la experiencia humana.

Parte de la comunicación musical ocurre debido a estos
tipos de asociaciones naturales. Pueden darse combinaciones
de dinámicas, de tonos, de colores, de ritmos y tiempos para
imitar cómo nos sentimos naturalmente en nuestro interior,
o responder físicamente en nuestro exterior cuando afloran
ciertos estados emocionales.

Por ejemplo, hay razón por la cual el *Canon en R Mayor
de Pachelbel* se toca en ocasiones tranquilas, serenas, como
preludio de una boda y no antes de un partido de fútbol; los
símbolos musicales comunican paz y serenidad con naturalidad —no frenesí y entusiasmo— porque imitan cómo nos
sentimos cuando estamos tranquilos. Hay una razón por la
que las marchas de Sousa se tocan en los partidos de fútbol y
no en las bodas: los símbolos musicales comunican de una
manera natural un caluroso entusiasmo apropiado para un
evento deportivo y no para una ceremonia matrimonial. Hay
una razón por la que un canto de Pink Floyd podría oírse en
un club de bailarinas exóticas y no el *Canon* de Pachelbel ni
una marcha de Sousa; los símbolos musicales comunican de
una manera natural los tipos de sentimientos en esas ocasiones.

Quizá la mejor ilustración de este tipo de comunicación simbólica natural en la música la tenemos en los fondos musicales de las películas. En muchos casos, la música que se compone para ciertas escenas en las películas cinematográficas se basan en los tipos de estados de ánimo y emociones que los productores quieren realzar en una escena en particular y saben que esta comunicación ocurrirá con cualquier público sin importar la edad, demografía, nacionalidad, género o cultura porque todos los seres humanos compartimos la misma contextura emocional y física básica. Cuando se muestran las películas en diferentes países, cambia su texto hablado, pero no el fondo musical.

A menudo se habla de la música como "discurso elevado". Las formas musicales han ido evolucionando a través del tiempo a formas más complejas de entonación emotiva natural. En otras palabras, hay una conexión natural entre la comunicación musical y lo que naturalmente ocurre con nuestras voces cuando estamos en ciertos estados emocionales. En este sentido, los símbolos naturales son transculturales, porque cada ser humano comparte una misma cultura humana.

Entonces, ¿cómo nos ayuda esto con nuestras decisiones musicales? Los estilos musicales específicos siempre contienen algunos significados naturales y muchas veces también diversos significados convencionales, en ambos casos por asociación simbólica. En el centro mismo de todo significado musical hay un significado natural que comunica por medio de su asociación con la experiencia humana común y universal. Pero sobre ese significado natural se van construyendo diversas asociaciones convencionales. Con frecuencia estas corresponden al significado natural, como por ejemplo las expresiones de paz del *Canon* de Pachelbel que produce la asociación convencional de esta partitura particular con las ceremonias matrimoniales, o como las expresiones naturales de sexualidad comunicadas por Pink Floyd que producen asociaciones convencionales de su música con un estilo de vida inmoral.

No obstante, a veces las asociaciones convencionales pueden contradecir o cancelar las asociaciones naturales. Por ejemplo, aunque la tonada del himno "De Ti Se Dicen Gloriosas Cosas" comunica de manera natural sentimientos nobles por su asociación natural con la manera como nos sentimos cuando estamos orgullosos de algo o nos sentimos victoriosos, su asociación convencional con la Alemania Nazi, le originó un significado nuevo durante la Segunda Guerra Mundial que opacó el significado positivo sustituyéndolo por otro muy negativo.

Para resumir, la música comunica a través de asociaciones simbólicas, y dichas asociaciones pueden ser convencionales o naturales, dependiendo si corresponden o no a algo que es parte natural de toda la experiencia humana.

Agreguemos letra a una selección musical y tendremos dos capas más de significado: el contenido obvio del texto y el tenor poético. Lo que debemos recordar aquí es que el significado simbólico (en este caso, la música), si es natural, siempre supera a la letra. Por ejemplo, si yo me acercara a mi esposa con el ceño fruncido y voz fuerte (símbolos naturales de ira) y le dijera: "Te amo", mi lenguaje corporal negativo y el tono de voz excedería el significado potencialmente positivo de la afirmación. En el mejor de los casos, pensaría ella que le estoy jugando una broma.

Para los fines prácticos de tomar decisiones musicales en nuestra vida, en realidad no importa si la comunicación musical es convencional o natural. La pregunta importante para considerar es: "¿Qué comunica esa música en un nivel emocional?". ¿Suena triste? ¿Suena feliz? ¿Suena caótica? ¿Suena sensual?

Pero aun al hacer preguntas como estas, cuidémonos de no limitar el significado emocional a solo las categorías más generales que indican palabras como gozo, amor o agresividad. Recordemos que las simples palabras son inadecuadas para expresar perfectamente el tenor de las emociones porque aun dentro de una categoría como "gozo", existen muchos tipos de gozo. No solo preguntemos: "¿Qué comunica esa música?". Preguntemos también: "¿Qué *tipo* de gozo o amor o agresividad comunica?

Evaluación de la comunicación musical

Tanto por las implicaciones bíblicas como por una comprensión de la ciencia de la música, se hace claro que la música, en efecto, comunica. Por lo tanto, al tomar decisiones musicales, tenemos que estar dispuestos a aplicar toda la instrucción bíblica sobre comunicación a esas decisiones.

Quizá uno de los pasajes más concisos sobre comunicación en las Escrituras es Efesios 4:29:

> *Ninguna palabra corrompida salga de vuestra boca, sino la que sea buena para la necesaria edificación, a fin de dar gracia a los oyentes.*

Este pasaje se refiere más directamente a nuestro lenguaje verbal, pero también se aplica a otras formas de comunicación incluyendo la escritura, el lenguaje corporal, los gestos, expresiones faciales y formas artísticas como la música. Cada uno de estos es un medio de comunicación humana, por lo que cada uno cae bajo la autoridad de pasajes como Efesios 4:29.

Comunicación corrompida

Pablo nos exhorta a no dejar que ninguna comunicación corrompida proceda de nosotros. El término traducido "corrompida" tiene la idea de algo que es repugnante o pútrido. Se usaba a menudo para describir plantas o frutas podridas. Se refiere claramente a cualquier tipo de comunicación que es pecaminoso o espiritualmente perjudicial. En cuanto al cristiano, sobre estos tipos de mensajes insta Pablo: "ni aun se nombre entre vosotros" (Efesios 5:3). La parte más evidente de nuestras elecciones musicales donde esto se aplica es la letra de los cantos que escuchamos o cantamos, ¡y no dejo de sorprenderme de ver cuántos cristianos toleran (¡o disfrutan!) cantos con una letra que no solo sugiere pecado sino que lo aprueba abiertamente! Como cristianos, tenemos que rechazar canciones que hablan de acciones pecaminosas o las insinúan. Tenemos que evitar canciones que hablan de "adulterio, fornicación, inmundicia, lascivia, idolatría, hechicerías, enemistades, pleitos, celos, iras, contiendas, disensiones, herejías, envidias, homicidios, borracheras, orgías, *y cosas semejantes a estas*" (Gálatas 5:19-21). Aun cosas como "palabras deshonestas" o "necedades" no convienen al cristiano (Efesios 5:4).

Pero nuestra evaluación de la música no termina con la letra de los cantos. Dado que la música es un medio de comunicación a través del uso de metáforas emocionales, puede comunicar los tipos de emociones que naturalmente representan actos pecaminosos. Hay ciertos tipos de emociones que acompañan de manera natural a la inmoralidad sexual, la impureza, los conflictos, arranques de ira, borracheras, orgías y "cosas semejantes". Y tal como debemos evitar esos actos pecaminosos, tenemos que evitar las emociones y estados de ánimo que los acompañan.

Algunos podrían argumentar que no existe tal cosa como emoción pecaminosa, que una emoción se torna pecaminosa cuando va acompañada del pecado mismo. Pueden usar la emoción de la ira como ejemplo, y argumentar que la ira a veces es buena y a veces mala; que todo depende del contexto.

Sin embargo, recordemos que las palabras son solo débiles intentos de identificar realidades espirituales. El vocablo "ira" cubre una categoría muy amplia que no especifica adecuadamente los *tipos* de ira que abarca. Por ejemplo, la ira que acompaña a una causa noble es un *tipo distinto de ira* de la que acompaña a la venganza. A fin de especificar mejor la diferencia, podría definir a la primera como "justa indignación" y a la segunda como "furia incontrolable". No se trata de que estemos usando simplemente palabras diferentes para significar cuando una ira "neutral" acompaña a acciones buenas o malas. Estamos describiendo de hecho dos *tipos diferentes* de ira, uno que siempre es bueno y otro que siempre es malo. Y la música realmente puede comunicar la diferencia entre estos tipos de ira en formas como no pueden las simples palabras.

¿Por qué debemos evitar expresiones de emoción que acompañan naturalmente a las acciones pecaminosas? Primero, cuando nos exponemos a música que comunica los tipos de emociones que encajan naturalmente con pecados, estamos aprobando tácitamente esos pecados. Quizá no los estemos de hecho cometiendo, pero aun en el mejor de los casos, estamos permitiendo que esos pecados "se nombren entre nosotros" (Efesios 5:3) al escucharla.

Pero de más importancia aún, cuando nos exponemos a una comunicación musical que acompaña a obras pecaminosas, estamos corrompiendo nuestra propia moralidad. 1 Corintios 15:33 nos da este principio: "No erréis; las malas conversaciones corrompen las buenas costumbres".

Todo padre de familia sabe que si deja que su hijo ande en compañía de chicos de mala conducta y moralidad, tarde o temprano la moralidad de su propio hijo se echará a perder. Por eso los padres protegen a sus hijos vigilando qué cosas influyen sobre sus vidas.

Escuchar música es como andar en compañía de otros. Tal como los estados de ánimo y la moralidad de los amigos "contagian" a los que andan con ellos, las emociones y la disposición emocional que comunica la música "contagia" a los que la escuchan. Por lo tanto, la mala música arruina la buena moral.

Como cristianos, tenemos que evitar todos los tipos de comunicación corrupta. Esto incluye palabras pecaminosas en la letra y emociones pecaminosas en la música misma.

Comunicación edificante

En cambio, la comunicación del cristiano tiene que ser edificante —tiene que "edificar" a otros e incluso ser de edificación para uno mismo (Efesios 4:29). En este caso también, el mandato se aplica a la letra al igual que a los mensajes emocionales de la música. Escuchar música que expresa afectos nobles es una manera de aprobar lo que es bueno, y "la buena música promueve buena moralidad".

Como cristianos, tenemos que evitar llenar nuestra vida de acciones o actitudes pecaminosas, pero tampoco debemos llenar nuestra vida de cosas que consideramos simplemente "neutrales". En cambio, como argumenta Pablo en 1 Corintios

10:23, "Todo me es lícito, pero no todo conviene; todo me es lícito, pero no todo edifica".

En otras palabras, Pablo está diciendo que ni siquiera debemos contentarnos con cosas que son sencillamente "lícitas" o "aceptables". Como cristianos, debemos procurar cosas que son útiles, beneficiosas, provechosas y edificantes. No debiéramos preguntarnos: "¿Qué tiene de malo?", sino "¿Qué tiene de *bueno*?".

Esto incluye la música que escogemos. Nos corresponde escoger cantos con letra y música que comunique mensajes nobles. Esto no significa necesariamente que tiene que ser "sagrada". La música que habla de temas generales de la vida o aun música sin letra puede expresar mensajes nobles, beneficiosos y edificantes. También aquí, la pregunta tiene que ser: "¿Qué comunica esta música?".

Evaluar si un canto expresa una comunicación corrupta o una edificante debe llevar a crear dos categorías claras para el creyente: una categoría de la cual elegir y otra que debe evitar. Esta afirmación no implica que la evaluación de la música es fácil ni que es "blanco o negro" como algunos quisieran que lo fuera. Pero si el cristiano está dispuesto a hacer el esfuerzo de evaluar la música que escoge basándose en las pautas sobre la comunicación en la Palabra de Dios, debiera poder agrupar a los cantos y estilos en una de esas dos categorías. Después, dentro de la categoría de música que expresa mensajes edificantes, el cristiano tiene la libertad de escoger sus preferencias.

Alternativas de comunicaciones musicales

Corrupta	Edificante
Evitar siempre	Espacio para preferencias

Comunicación apropiada

No obstante, aquí no termina la evaluación musical que le corresponde hacer al cristiano. Aun habiendo creado estas dos categorías en su mente tiene que considerar lo apropiado de un canto o estilo para una situación determinada. Tiene que preguntar: "¿Es este canto o estilo adecuado para esta ocasión?".

Aun los buenos cantos o estilos pueden ser inapropiados para ciertas ocasiones. La Canción de Cuna de Brahms es una pieza musical edificante, pero no sería nada adecuada para tocar antes de un evento deportivo con el fin de entusiasmar al público. Una marcha de John Philip Sousa es una pieza de música edificante, ¡pero no sería apropiada para poner a dormir a un bebé!

De la misma manera, cuando consideramos el tipo de música que usamos con propósitos sagrados, tenemos que considerar si algo que es inherentemente bueno es también *adecuado*. Aquí es donde tenemos que tener muy en cuenta las diferencias en los matices entre *tipos* de emociones. Tenemos que regocijarnos en el Señor, es cierto, pero hay un tipo de "regocijo" que no es el que trata Pablo en Filipenses 4:4. Pablo no estaba pensando en un tipo de gozo frívolo, ligero ni displicente. Otras cualidades expresadas a lo largo de las Escrituras son las que tienen que caracterizar el gozo espiritual, como por ejemplo: reverencia, modestia y circunspección. Tenemos que amar al Señor nuestro Dios con todo nuestro ser, pero hay un tipo de "amor" que no es digno del Señor. Dado que la música puede expresar estos diferentes matices emocionales, tenemos que evaluar si lo que cierto canto o estilo está comunicando es apropiado para expresar la verdad de Dios.

Alternativas de comunicaciones musicales

Corrupta	Edificante	
	Apropiada	Inapropiada
Evitar siempre	Espacio para preferencias	Evitar en esta ocasión

¿Por qué tenemos que considerar lo apropiado de los estilos musicales para propósitos sagrados? ¿Acaso el estilo musical tiene alguna importancia? La verdad bíblica es importante, el evangelio es importante, ¿pero el estilo musical?

Por cierto que las cosas más importantes para el cristiano son el evangelio y la verdad bíblica. Estos son el centro de nuestra atención y devoción.

Pero evaluar un estilo musical que contenga verdades bíblicas es tan importante como preocuparse de qué clase de comida usaremos para servir en una cena a una visita distinguida. En realidad, los platos no son lo más importante, ¡lo es la comida! Queremos estar seguros de servir la mejor comida posible a nuestro invitado. No obstante, el plato en que la servimos es importante también porque si servimos un asado de costilla en un plato sucio, lo arruinamos todo. Nos preocupamos por el plato porque nos encanta la comida. De hecho, aun la comida es importante solo según se relaciona con nuestro invitado.

Lo mismo se aplica a los platos musicales en que servimos la comida sagrada de la verdad de Dios. Lo más importante es la verdad, pero el plato en que se ofrece puede realzarla o perjudicarla.

Nuestro criterio puede afinarse aún más al considerar qué tipo de música es la mejor para el servicio de adoración congregacional. Este es un momento de adoración congregacional enfocada en Dios por medio de presentaciones de la verdad y respuestas espirituales, y tenemos que estar seguros de que los estilos musicales que escogemos sean apropiados para este tiempo sagrado.

Asociaciones convencionales

Por último también hay que considerar las asociaciones convencionales de un canto o un estilo después de haber determinado que es edificante por sí y en mismo. Pablo trata este tema en 1 Corintios con relación a la carne ofrecida los ídolos.

En la iglesia de Corinto había surgido la controversia de que si era o no apropiado que los cristianos comieran carne que había sido ofrecida en ceremonias paganas de adoración. El criterio de Pablo acerca de la controversia es que la carne por y en sí misma es buena, es beneficiosa. No hay nada inherentemente malo en la carne que ha sido sacrificada a un dios falso porque el dios realmente ni existe (1 Corintios 8:4ss).

Pero al final del capítulo, Pablo declara que él no comería dicha carne. ¿Por qué se negaría a comer algo que ha juzgado bueno? Da dos razones principales.

Primero, Pablo sabe que algunos cristianos más débiles pueden caer en pecado si ven que alguien más fuerte que ellos come esa carne. La carne tiene una asociación convencional con la adoración pagana y las actividades inmorales que incluye, y alguien que carezca de un entendimiento adecuado puede interpretar que el hecho que cristianos más fuertes coman esa carne es señal de que aprueban las prácticas del culto pagano. El problema no es la carne, el problema es que el cristiano débil recibe un impacto poderoso de las asociaciones convencionales. La decisión de Pablo es que si hacer algo puede causar que alguno más débil tropiece y caiga en pecado, él está dispuesto a abstenerse de hacerlo.

> [9] *Pero mirad que esta libertad vuestra no venga a ser tropezadero para los débiles.* [10] *Porque si alguno te ve a ti, que tienes conocimiento, sentado a la mesa en un lugar de ídolos, la conciencia de aquel que es débil, ¿no será estimulada a comer de lo sacrificado a los ídolos?* [11] *Y por el conocimiento tuyo, se perderá el hermano débil por quien Cristo murió.* [12] *De esta manera, pues, pecando contra los hermanos e hiriendo su débil conciencia, contra Cristo pecáis.* [13] *Por lo cual, si la comida le es a mi hermano ocasión de caer, no comeré carne jamás, para no poner tropiezo a mi hermano (1 Corintios 8:9-13).*

Esto se aplica a las selecciones musicales cuando cierto canto o estilo tiene una fuerte asociación con un estilo de vida particularmente pecaminoso que a alguien menos espiritualmente maduro que nosotros lo haría caer en pecado por saber que nosotros lo escuchamos. Y recordemos que los "hermanos más débiles" sobre los que muchos tenemos una influencia continua son nuestros hijos.

La segunda razón por la cual Pablo está dispuesto a renunciar a su legítimo derecho es por el bien del evangelio. Para subrayar este punto, Pablo usa como ejemplos el derecho de casarse y el de recibir pago por su ministerio. Pablo argumenta en 1 Corintios 9 que tiene derecho de recibir sostén económico de las iglesias (v. 4), derecho de casarse (v. 5) y derecho de no tener que trabajar con las manos (v. 6). Sin embargo, Pablo insiste: "de nada de esto me he aprovechado" (v. 15). ¿Por qué? Estaba descartando cualquier cosa que pudiera impedir el progreso del evangelio. Es en este sentido que dice: "a todos me he hecho de todo, para que de todos modos salve a algunos" (v. 22). No se trataba de que estuviera dispuesto a involucrarse en actividades cuestionables a fin de apelar a ciertas personas.

Pablo está dispuesto a quitar cualquier posible piedra de tropiezo que pudiera entorpecer al evangelio. Dice: "Y esto hago por causa del evangelio, para hacerme copartícipe de él" (v. 23).

Evidentemente, recibir dinero de las iglesias, tomar una esposa y no trabajar con las manos tenían ciertas asociaciones convencionales en aquella época que hubieran presentado dificultades para evangelizar. Pablo dice que de ser esa una posibilidad, está dispuesto a renunciar a esos derechos.

Este principio se aplica a las selecciones musicales cuando un canto o estilo musical bueno sería un tropiezo para los esfuerzos de evangelizar en razón de algún tipo de asociación convencional. Una característica es la libertad de renunciar a un derecho lícito por el bien de otros.

Alternativas de comunicaciones musicales

Corrupta	Edificante		
	Apropiada		Inapropiada
	Asociación negativa	Asociación positiva	
Evitar siempre			Evitar en esta ocasión
	Evitar en esta ocasión	Espacio para preferencias	

Conclusión

Evaluar la connotación de la música es importante porque cada significado es importante. Cómo y qué comunicamos importa, y por lo tanto, los medios de comunicación como la música importan.

La Biblia implica comunicación musical, la ciencia de la música explica la comunicación musical; y depende de nosotros discernir los significados, lo apropiado y las asociaciones de los cantos y estilos para tomar decisiones informadas sobre si debemos optar por usarlas o no.

5. ¿Depende la hermosura de los ojos que la ven?

Imaginemos que le dijera a mi esposa que la voy a llevar a un lugar especial para festejar nuestro aniversario. Conseguimos una niñera para cuidar a los chicos, nos ponemos la mejor ropa y salimos en el coche rumbo a un destino romántico "misterioso".

El entusiasmo de Becky pronto es reemplazado por desconcierto cuando me detengo en el depósito de chatarra de la zona. Estaciono el auto, abro la cajuela y saco una mesita y dos sillas. Armo la mesa, le pongo una vela en el centro, coloco los platos y cubiertos frente a frente, y una canasta de picnic al lado de la mesa.

—Listo, querida —exclamo—, listo para nuestra cena romántica.

—¿Una cena romántica en un *depósito de chatarra*? —pregunta Becky.

—Claro —contesto—. Me parece que aquí tenemos un ambiente fantástico. ¿No te encanta cómo lo herrumbrado del metal de chatarra brilla al ponerse el sol y cómo el aroma de basura agrega un toque lindo a nuestro festejo?.

—No, para nada —responde ella con el ceño fruncido—. No le veo nada lindo a este ambiente.

—Eh, no seas así —objeto yo—. ¿Acaso la hermosura no depende de los ojos que la ven? No tienes más que modificar tus percepciones.

La situación es absurda, por supuesto. Nadie en su sano juicio consideraría que un festejo en un depósito de chatarra es hermoso o romántico. ¡Hay ciertos olores y vistas que son objetivamente *feos*!

Sin embargo, aunque parezca extraño, en una cultura de relativismo la escena anterior podría sonar verosímil. Si las personas no creen en normas absolutas con las cuales determinar la hermosura, ¿quién tiene derecho de decir que un depósito de chatarra no es hermoso?

El cristiano cree en normas absolutas de la verdad y la justicia. Dichas normas pueden ser discernidas por la Palabra de Dios y la naturaleza y el carácter de Dios.

¿Pero qué en cuanto a normas absolutas de la hermosura? ¿Acaso existen?

La idea de "hermosura" o "belleza" describe tradicionalmente un objeto o idea que disfrutamos simplemente por lo que es. En otras palabras, si disfrutamos de algo por lo que puede *hacer* por nosotros, no lo necesariamente llamamos "hermoso". A algo así, lo llamamos "bueno". Llamamos hermoso a lo que nos da placer sin tener que derivar de ello ningún beneficio práctico. Un objeto hermoso tiene en sí cualidades intrínsecas que dan placer.

Por ejemplo, mi computadora me da placer porque me permite realizar muchas cosas, pero no la llamaría "hermosa". Por otro lado, disfruto ver una puesta de sol aunque no me da absolutamente ningún beneficio. Es a este tipo de percepción estética que llamaría yo "hermosa".

¿Encontramos en las Escrituras esta noción de la "hermosura"?

A fin de contestar esta pregunta, tenemos que reconocer primero que aunque en la actualidad usamos comúnmente la palabra "hermosura" al querer expresar esta noción, los autores bíblicos usan muchos vocablos distintos para describir esta misma idea. En la traducción al idioma español es posible encontrar la idea de hermosura en palabras como *dulzura, esplendor, majestuosidad, dignidad, excelencia, precioso, admirable, gloria* o aun *bondad*. Palabras como estas son a menudo traducciones de términos hebreos o griegos que reflejan nuestra idea de "hermosura".

El origen de la hermosura

La idea de placer es esencial para dar una definición de hermosura. Las personas llaman hermoso a algo por el placer que les causa aparte de lo que pudiera hacer por ellas.

La hermosura de Dios

En las Escrituras es Dios a quien más comúnmente asociamos con delicia y placer. Por ejemplo, notemos el gozo y delicia que el pueblo de Dios encontraba en Dios, según los siguientes pasajes:

Me mostrarás la senda de la vida; en tu presencia hay plenitud de gozo; delicias a tu diestra para siempre (Salmo 16:11).

Entraré al altar de Dios, al Dios de mi alegría y de mi gozo; y te alabaré con arpa, oh Dios, Dios mío (Salmo 43:4).

Abres tu mano, y colmas de bendición a todo ser viviente (Salmo 145:16).

En cada uno de estos casos, el pueblo de Dios no encontró gozo en él por lo que podía *hacer* por ellos, aunque sus obras son realmente grandes y dignas de alegría. En cambio, el pueblo de Dios se deleitaba en él simplemente por quién es él, por las cualidades intrínsecas en su naturaleza.

¿Cuáles son estas cualidades intrínsecas? Note las palabras usadas en los siguientes versículos para describir a Dios:

Y habido consejo con el pueblo, puso a algunos que cantasen y alabasen a Jehová, vestidos de ornamentos sagrados, mientras salía la gente armada, y que dijesen: Glorificad a

Jehová, porque su misericordia es para siempre (2 Crónicas 20:21).

[9] ¿Tienes tú un brazo como el de Dios? ¿Y truenas con voz como la suya? [10] Adórnate ahora de majestad y de alteza, y vístete de honra y de hermosura (Job 40:9-10).

¡Oh Jehová, Señor nuestro, cuán glorioso es tu nombre en toda la tierra! Has puesto tu gloria sobre los cielos (Salmo 8:1).

Una cosa he demandado a Jehová, ésta buscaré; que esté yo en la casa de Jehová todos los días de mi vida, para contemplar la hermosura de Jehová, y para inquirir en su templo (Salmo 27:4).

En la hermosura de la gloria de tu magnificencia, y en tus hechos maravillosos meditaré (Salmo 145:5).

Ellos verán la gloria de Jehová, la hermosura del Dios nuestro (Isaías 35:2).

Porque ¡cuánta es su bondad, y cuánta su hermosura! (Zacarías 9:17).

Dios es llamado "hermoso", "glorioso", "majestuoso" y "misericordioso".

Estas son cualidades inherentes a la naturaleza de Dios y cualidades en que su pueblo se deleita.

Entonces encontramos aquí el concepto esencial de la palabra "hermosura", usada para caracterizar a Dios mismo. Dios tiene cualidades únicas que traen placer a las personas, separadamente de lo que hace por ellas. Dios es Hermosura.

Pero quiero que notemos algo más en las Escrituras acerca de este deleitarse en Dios quien es hermoso. Deleitarse en Dios no es opcional. El mandato al pueblo de Dios es regocijarse en él.

Deléitate asimismo en Jehová, y él te concederá las peticiones de tu corazón (Salmo 37:4).

Regocijaos en el Señor siempre. Otra vez digo: ¡Regocijaos! (Filipenses 4:4).

Lo que esto significa es que estas cualidades de belleza inherentes en la naturaleza y el carácter de Dios son *merecedoras* de regocijo; tenemos que deleitarnos en ellas. No deleitarnos en Dios por su inherente excelencia equivale a pecar. Otra manera de expresarlo es esta: no es el deleitarse en Dios lo que lo *hace* hermoso. Son las cualidades objetivas de la hermosura que *requieren* deleite. Estas cualidades en Dios son normas absolutas de belleza.

En las Escrituras, esta necesidad de deleitarse en Dios por su valor intrínseco se denomina *glorificar a Dios o alabar a Dios.* Glorificar o alabar a Dios es gozarse en él por las cualidades de su naturaleza merecedoras de ese gozo.

La hermosura de la creación

La hermosura de Dios se extiende a su creación. En Génesis 1, Dios llama "bueno" a todo lo que creó (Génesis 1:4, 10, 12, 18, 21 y 25), palabra que contiene implicaciones de hermosura. La creación muestra la hermosura de Dios:

> *Los cielos cuentan la gloria de Dios, y el firmamento anuncia la obra de sus manos (Salmo 19:1).*

Lo que Dios creó puede considerarse hermoso porque refleja y muestra su belleza. En otras palabras, las mismas cualidades que hacen hermoso a Dios son aquellas normas por las cuales su creación puede considerarse hermosa.

Además, Dios llama "hermosas" a ciertas creaciones del hombre. Por ejemplo, Dios manda a Israel que construya su Tabernáculo (y más adelante, el Templo) para mostrar su hermosura. Al describir cómo quiere que sean las vestiduras sacerdotales, Dios dice:

> *Y para los hijos de Aarón harás túnicas; también les harás cintos, y les harás tiaras para honra y hermosura (Éxodo 28:40).*

Entonces aun cosas creadas por el hombre son hermosas. Pero lo repetimos: estas creaciones humanas pueden considerarse hermosas en la medida que poseen cualidades que reflejen las hermosas cualidades de Dios.

Esto es de suma importancia al tratar de descubrir si existen normas absolutas con respecto a la belleza. La noción de que "la hermosura depende de los ojos que la ven" surge de creer que "Lo que me da placer es para mí hermoso".

Pero, como hemos visto de la hermosura de Dios, algo no se *convierte* en bello simplemente porque alguien se deleita en ello. Algo *es* hermoso por sus cualidades sea o no que deleite a alguno. Una puesta de sol *es* hermosa no importa si alguien lo reconoce o no. Y por otra parte, es posible deleitarse en algo y pensar que es hermoso cuando de hecho no lo es.

Las normas absolutas de la belleza existen, y se encuentran en la naturaleza misma de Dios.

Cualidades de la hermosura

¿Cuáles, pues, son estas cualidades intrínsecas de la naturaleza de Dios que sirven como las normas absolutas de la hermosura? Podemos encontrarlas en tres fuentes.

Primero, podemos discernir cualidades de la hermosura de Dios a partir de las descripciones de su naturaleza. Los atributos divinos como santidad, pureza, razón, armonía, orden, equilibrio, bondad, majestad, esplendor, justicia y encanto proveen las cualidades en que debemos deleitarnos y que debemos imitar. Segundo, debido a que las obras mismas de Dios muestran su hermosura, podemos tomar cualidades dentro de la creación para determinar los criterios de lo que es hermoso. Romanos 1:20 nos dice que los atributos invisibles de Dios (uno de ellos siendo su hermosura) puede ser percibido en la creación. Tercero, debido a que en las Escrituras Dios llama a ciertas creaciones del hombre hermosas, podemos usarlas como modelo para determinar si algo es hermoso.

Considerando las hermosas obras creativas de Dios y las obras del hombre a las que Dios atribuye hermosura, los teólogos han categorizado desde hace tiempo a las normas absolutas de hermosura dentro de tres grupos: (1) orden, (2) proporción y (3) magnificencia.

Cómo se estropeó la hermosura

Si no fuera por la presencia del pecado, toda la creación sería todavía hermosa, y por ende, todas las creaciones humanas serían también hermosas. Pero el pecado sujetó la creación a la vanidad (Romanos 8:20), introduciendo fealdad en el mundo. Por el pecado tenemos ahora *des*-orden, *des*-proporción y opacidad. Tal como algo es hermoso cuando refleja correctamente las cualidades de Dios que lo hacen hermoso, algo es feo cuando posee cualidades contrarias a la naturaleza de Dios. La presencia del pecado en nuestro propio corazón (Jeremías 17:9) es la razón por la que no podemos simplemente confiar en nosotros mismos para determinar si algo es hermoso. Tenemos que depender de normas absolutas fuera de nosotros mismos. El pecado es la razón por la cual tenemos que juzgar con cuidado todas las creaciones humanas, incluyendo la música.

Al recordar que la idea de hermosura se condensa en el concepto bíblico de "gloria", podemos ver la relación entre el pecado y la fealdad en pasajes como Romanos 3:23: "Por cuanto todos pecaron, y están destituidos de la gloria de Dios". No alcanzar la gloria de Dios es no deleitarnos en Dios como debiéramos.

Hay dos formas principales en que dejamos de glorificar a Dios en este aspecto. Primero, no alcanzamos su gloria cuando nos deleitamos más en algo más de lo que nos deleitamos en Dios. Glorificar a Dios es deleitarse de sus excelencias singulares. Deleitarnos en algo distinto en el mismo o en mayor grado es pecado. De la misma forma, cuando no nos deleitamos en Dios para nada por sus cualidades únicas, no alcanzamos su gloria. Dios describió este tipo de pecado cuando dijo por medio de Jeremías:

Porque dos males ha hecho mi pueblo: me dejaron a mí, fuente de agua viva, y cavaron para sí cisternas, cisternas rotas que no retienen agua (Jeremías 2:13).

Segundo, tampoco lo glorificamos cuando nos deleitamos en algo que posee cualidades contrarias a la naturaleza de Dios. Llamar hermoso a algo que no lo es, es contradecir la hermosura de Dios mismo.

Por esto es tan importante distinguir entre lo hermoso y lo feo. Llamar feo a algo hermoso al compararlo con Dios, es llamar feo a Dios. Llamar hermoso a algo feo al compararlo con Dios, también es llamar feo a Dios.

Aquí va una ilustración. Mi esposa ha decorado la casa de una manera hermosa. Si yo proclamara: "Estas decoraciones son feas", ¿qué estaría diciendo de mi opinión de las decoraciones de mi esposa? Igualmente si dijera: "Me parece que es mucho más hermoso decorar las paredes con grafiti y adornar con ramos de calcetines sucios", ¿no estaría diciendo también algo significativo de mi opinión de las decoraciones de mi esposa?

Glorificar a Dios es deleitarse en él por las cualidades esenciales en su naturaleza. Por lo tanto, para glorificarlo, también tenemos que deleitarnos en otras cosas que se parecen a él y aborrecer las que no se parecen a él.

Redención de la hermosura

Puesto que el pecado estropeó la hermosura en la creación, la obra expiatoria de Cristo en la cruz y la subsecuente regeneración de las personas por obra del Espíritu Santo es la manera como se ha redimido la capacidad del hombre de deleitarse correctamente en Dios y en otras cosas merecedoras de tal deleite. A causa del pecado, todo ser humano nace sin la capacidad de deleitarse en Dios (Romanos 3:10-12), no obstante, porque los hombres son creación de Dios, vienen al mundo con la necesidad innata de deleitarse en algo. Esto los lleva a pasarse la vida encontrando satisfacción en cosas que no son Dios. Se deleitan en cosas que no son Dios y cosas que son inherentemente feas.

El evangelio de Jesucristo brinda los medios sobrenaturales por los cuales los humanos obtienen la capacidad de ver la hermosura de Dios en la persona de Cristo. Encontramos una explicación de esto en 2 Corintios 4:3-6.

> [3] *Pero si nuestro evangelio está aún encubierto, entre los que se pierden está encubierto;* [4] *en los cuales el dios de este siglo cegó el entendimiento de los incrédulos, para que no les resplandezca la luz del evangelio de la gloria de Cristo, el cual es la imagen de Dios.* [5] *Porque no nos predicamos a nosotros mismos, sino a Jesucristo como Señor, y a nosotros como vuestros siervos por amor de Jesús.* [6] *Porque Dios, que mandó que de las tinieblas resplandeciese la luz, es el que resplandeció en nuestros corazones, para iluminación del conocimiento de la gloria de Dios en la faz de Jesucristo.*

Hermosura velada

Los incrédulos no pueden percibir la hermosura del evangelio y de Cristo. Esto es lo que el versículo 4 del texto significa cuando dice que no ven "la luz del evangelio de la gloria de Cristo". No perciben sus maravillas, su valor ni su belleza, y por lo tanto no se sujetan al evangelio porque no reconocen su valor.

Nos sometemos a algo solo cuando apreciamos su valor, no cuando simplemente con nuestra mente sabemos o creemos que existe. Seguimos aquello en que nos deleitamos, no solo aquello que conocemos.

Aquí va un ejemplo. En cierta oportunidad, mi esposa dedicó bastante tiempo a buscar una alfombra para la sala. Le gustó hacerlo. Sabía mentalmente que la sala necesitaba una alfombra, pero esto no fue lo que la impulsó a dedicarse a buscar la que tenía en su mente. *Yo* sabía en *mi* mente que la sala necesitaba una alfombra, pero saberlo no me impulsó a pasar horas buscándola. En esencia, Becky siente placer en la belleza de las alfombras; yo solo veo su aspecto práctico. Como Becky reconocía la hermosura y el valor de una alfombra, estuvo dispuesta a dedicar su tiempo a encontrarla.

Alguien puede comprender el contenido del evangelio, pero a menos que reconozca su hermosura y valor, no se sujetará a él.

Hermosura revelada

Pero hay esperanza. Tal como Dios creó la belleza al principio, tiene el poder de iluminar los corazones para que perciban la hermosura del evangelio. Y cuando lo hace, cuando Dios ilumina el corazón, ¡entonces la hermosura del evangelio de la gloria de Cristo es revelada!

Es como si alguien anduviera a tientas en una cueva en total oscuridad buscando desesperadamente el tesoro que sabe que está allí pero no lo puede encontrar. Y repentinamente como si hubiera un reflector aparece un rayo de luz directamente frente a él revelando un diamante magnífico que había estado allí todo el tiempo.

Todos los hombres nacen en tinieblas. Son ciegos en cuanto a la hermosura del evangelio de Cristo. Están vacíos, están buscando. En lo profundo de su corazón saben que tiene que haber algo que satisfaga sus anhelos, algo que llene el vacío en sus almas. Pero no están dispuestos o son incapaces de aceptar que es Dios mismo quien satisfará esos anhelos, Dios mismo quien llenará ese vacío. Lo único que tienen que hacer es someterse a Dios como Rey para encontrar ese tesoro. Pero aborrecen a Dios, y se niegan a conocerlo. No están dispuestos a someterse al evangelio porque no reconocen la hermosura de la gloria de Jesucristo.

Pero así como Dios creó la luz en el principio con el poder de su palabra diciendo: "Hágase la luz" y desaparecieron las tinieblas, también puede hacer que brille la luz en el corazón entenebrecido. Y cuando esto sucede, la persona que perece en tinieblas levanta su mirada y puede ver las verdades del evangelio, literalmente bajo una nueva luz. Ya no se trata de ver simples hechos acerca de un hombre que vivió y murió. Ya no se concreta a ver a Dios como poco grato. Ya no tiene que considerar las exigencias del evangelio como irrazonables. Esa nueva luz que vino a brillar sobre su corazón revela la magnífica belleza del evangelio de la gloria de Jesucristo.

Jesucristo es la expresión definitiva de la hermosura de Dios porque es la imagen misma de Dios. Juan 1:14 dice: "Y aquel Verbo fue hecho carne, y habitó entre nosotros (y vimos su gloria, [o hermosura] gloria como del unigénito del Padre), lleno de gracia y de verdad". Hebreos 1:3 nos dice que Cristo es "el resplandor de su gloria [o hermosura], y la imagen misma de su sustancia".

La regeneración restaura en el ser humano la habilidad de reconocer lo que es verdaderamente hermoso, primero en la persona de Jesucristo, y luego en otras cosas. Esto no significa que el incrédulo no puede reconocer lo bello o aun crear algo bello. La gracia común de Dios da aun al no regenerado la capacidad de hacerlo.

Pero lo que significa esto es que el creyente no tiene ninguna excusa cuando se trata de formar juicios de valor acerca de la hermosura.

El juicio de la hermosura

Una vez que alguien acepta a Cristo —una vez que le ha sido restaurada su capacidad de reconocer la belleza— tiene la obligación de juzgar correctamente si las cosas son hermosas o feas. Dios manda a los creyentes: "Examinadlo todo" y "retened lo bueno" (1 Tesalonicenses 5:21). La palabra traducida "bueno" significa aquí las excelencias intrínsecas de algo, y su primera definición en los diccionarios griegos es "hermoso". Esta es a diferencia de "bueno" en el versículo 15 del mismo capítulo, palabra que identifica algo que es beneficioso. En otras palabras, aquí Dios manda específicamente al cristiano a evaluar todo a fin de determinar si algo tiene un valor intrínseco.

Lo bueno, lo malo y lo feo

Quizá el pasaje que expresa con mayor claridad tal mandato es Filipenses 4:8:

> *Por lo demás, hermanos, todo lo que es verdadero, todo lo honesto, todo lo justo, todo lo puro, lo amable, todo lo que es de buen nombre; si hay virtud alguna, si algo digno de alabanza, en esto pensad.*

Aquí encontramos una lista de normas absolutas por las que debemos juzgar todas las cosas. La expresión "en esto pensad" significa literalmente "tened en cuenta". Debemos juzgar todo lo que cruza nuestro camino según las cualidades de esta lista. Vale la pena reflexionar en cada uno de estos términos:

"verdadero" —veraz, honorable, real, auténtico

"honesto" —noble, de carácter recto, digno

"justo" —que se conforma a la norma, recto

"puro" —santo, casto, inocente

"amable" —digno de alabanza, admirable

"de buen nombre" —de excelencia moral

"digno de alabanza" —encomio, aprobación

Podemos agrupar estas cualidades en tres categorías: verdadero, bueno y hermoso. Algo es verdadero cuando coincide con la realidad, algo es bueno cuando satisface necesidades reales y algo es hermoso cuando es digno de disfrutar.

En las tres categorías hay un aspecto subjetivo (lo que pensamos) y un aspecto objetivo (lo que realmente es). En cuanto a la verdad, podemos pensar subjetivamente que algo es cierto que objetivamente no lo es. Por ejemplo, puedo creer verdaderamente que el pasto es rojo, pero esto no hace que realmente lo sea. Por tanto, en el caso de la verdad, siempre tenemos que cambiar lo que pensamos que es cierto, para que coincida con lo que en su Palabra Dios dice que es la verdad. Juan 17:17 dice: "Santifícalos en tu verdad; tu palabra es verdad". Con mi creencia acerca del color del pasto, tengo que cambiar lo que creo para que coincida con la realidad.

En cuanto a lo bueno, podemos pensar subjetivamente que algo es bueno para nosotros cuando objetivamente no lo es. Por ejemplo, yo puedo pensar que tomar cianuro todos los días es bueno para mí, pero eso no hace que lo sea. También en este caso tengo que siempre cambiar lo que pienso que es bueno para que coincida con los que Dios dice que es bueno. Con mi idea del cianuro, tengo que cambiar lo que pienso, si no ¡tarde o temprano me tendré que convencer de la realidad!

Lo mismo se aplica a la hermosura. Podemos pensar subjetivamente que algo es hermoso —algo que disfrutamos— pero puede ser que lo que pensamos no coincide con lo que objetivamente es hermoso. Por ejemplo, puedo disfrutar de una obra de arte, o de un canto, o de un estilo de música en particular y pensar que es hermoso, pero eso no lo hace hermoso. De acuerdo con este pasaje, hemos de tener en cuenta las cosas que son dignas de alabanza, cosas que son *admirables*. Esto implica normas absolutas. También en este caso, tenemos que cambiar nuestros gustos para coincidir con lo que Dios dice que es hermoso. Como cristianos, tenemos la responsabilidad de cambiar lo que disfrutamos por aquellas cosas que realmente son *dignas* de que las disfrutemos, aquellas cosas que realmente son hermosas.

Cambia tu gusto

Durante mis años en la universidad y un año antes de casarme, comía mucha comida chatarra. Le tomé el gusto y me encantaba. Pero cuando me casé, mi esposa me preparaba comidas sanas y balanceadas, ¡y tengo que admitir que al principio no me gustaba!

Pero con el tiempo, después dejar de consumir comida malsana y limitarme a la comida sana, me empezó a gustar lo que realmente era bueno. De un modo similar, el cristiano puede cambiar sus gustos para que coincidan con lo que es realmente digno de disfrutar. Existen tres verdades acerca de la vida cristiana que si logramos entenderlas nos ayudarán en este aspecto de la hermosura:

1. *Nos gusta lo que conocemos.* Algunos piensan: "Bueno, eso me gusta, y no hay vuelta que darle". Eso

no es así. Desarrollamos un gusto por las cosas que comemos regularmente. Nos gusta aquello a lo cual estamos acostumbrados.

2. *Podemos cambiar lo que nos gusta cambiando lo que conocemos.* El no creyente se limita a hacer lo que le gusta, no así el creyente. El cristiano tiene la libertad en Cristo de renunciar a las cosas aunque realmente le gusten. Y tiene la libertad de incorporar en su vida cosas que tal vez al principio no le gusten.

3. *Como cristianos, tenemos la obligación de lograr que nos guste lo que es digno de que nos guste.* Tenemos la responsabilidad de juzgar todo y evaluar si algo es digno de que lo disfrutemos en base a las normas absolutas acerca de la naturaleza y el carácter de Dios. Si determinamos que algo es indigno, tenemos la obligación de reconocerlo y librarnos de ello. Y si determinamos que algo es realmente digno, deleitarnos en ello magnifica nuestra complacencia en aquel que es definitivamente hermoso.

6. ¿Cómo tenemos que ver el domingo por la mañana?

La escena es demasiado común. Suena el despertador el domingo por la mañana. Después de oprimir la perilla de pausa un par de veces, finalmente se arrastra fuera de la cama para comenzar una mañana frenética para prepararse usted y el resto de su familia para el culto matutino con su iglesia.

Se afana para lavarse, decide lo que se va a poner, literalmente se traga un pan tostado y encuentra ese zapato que le faltaba. Después de apurarse por la calle, entra a la carrera al edificio de su iglesia y se desploma en su asiento justo a tiempo cuando está por empezar la reunión.

Después de unos quince minutos de comenzada la reunión finalmente se calma y empieza a observar a su alrededor. Aun entonces divaga; se pregunta por qué se puso la Sra. Pérez *ese* vestido si iba a cantar en el coro, y lucha por quedarse despierto durante el sermón.

¿Un tiempo provechoso de adoración? Más bien no. ¿Está glorificando al que está adorando? No es probable.

Es una lástima que tantos cristianos casi ni siquiera les cruza por la mente por qué se están reuniendo como congregación, qué pueden hacer con el fin de preparase para la ocasión, y en qué debieran enfocarse durante la reunión. En este capítulo vamos a considerar algunas respuestas bíblicas a estas importantes preguntas.

El propósito de la adoración congregacional

Dicho muy sencillamente: adoración congregacional es el cristiano adorando al Señor con otros cristianos. Si la adoración es esencialmente la respuesta espiritual a la verdad, entonces la adoración congregacional es la respuesta espiritual *congregacional* a la verdad.

El domingo por la mañana debiera ser un tiempo reservado por la iglesia local para rendir culto a Dios como congregación. Pero no todos los cristianos coinciden con esta afirmación. Algunos cuestionan una parte de ella o las dos; primero que los cristianos tienen que reunirse los domingos y, segundo, que deben reunirse para adorar al Señor.

El día que pertenece al Señor

El cristiano debiera apartar cada día para el Señor como un sacrificio de adoración (Romanos 12:1), pero el Señor distinguió específicamente el primer día de la semana de los otros seis. Este día fue profetizado en el Antiguo Testamento:

21 Te alabaré porque me has oído, y me fuiste por salvación. 22 La piedra que desecharon los edificadores ha venido a ser cabeza del ángulo. 23 De parte de Jehová es esto, y es cosa maravillosa a nuestros ojos. 24 Este es el día que hizo Jehová; nos gozaremos y alegraremos en él (Salmo 118:21-24).

Los cristianos usamos con frecuencia este pasaje para enseñar que debemos regocijarnos cada día que Dios ha creado. Pero más acertado es que este pasaje se trata de un día específico cuando debiéramos regocijarnos de una manera especial. Este día especial que el Señor ha hecho es aquel basado en "la piedra reprobada… la cual ha venido a ser cabeza del ángulo". Pedro explica qué es ese día especial en Hechos 4:10-11.

10 Sea notorio a todos vosotros, y a todo el pueblo de Israel, que en el nombre de Jesucristo de Nazaret, a quien vosotros crucificasteis y a quien Dios resucitó de los muertos, por él este hombre está en vuestra presencia sano. 11 Este Jesús es la piedra reprobada por vosotros los edificadores, la cual ha venido a ser cabeza del ángulo.

Pedro indica que este día especial que fue profetizado en el Salmo 118 es el día en que Jesús el Mesías se levantó de entre los muertos, y que los cuatro Evangelios nos dicen era el primer día de la semana.

Este día de la victoria de Cristo sobre el pecado y la muerte es el día en que los cristianos debemos regocijarnos de una manera especial, diferente de los otros seis días de la semana. Este día especialmente apartado es designado específicamente como "El Día del Señor":

Yo estaba en el Espíritu en el día del Señor, y oí detrás de mí una gran voz como de trompeta (Apocalipsis 1:10).

Esta expresión "día del Señor" no es igual que otras en Apocalipsis que dicen "día del Señor". La frase traducida "del Señor" en Apocalipsis 1 no es la misma usada en otras referencias. Esta es una expresión única que indica posesión y muestra que debido a la resurrección de Cristo, el primer día de la semana es un día especial que "pertenece al Señor".

Aunque es cierto que la expresión "Día del Señor" usada en este sentido aparece solo una vez en el Nuevo Testamento, y que no está conectada explícitamente con el primer día de la semana, el testimonio de los líderes de la iglesia primitiva, incluyendo algunos amigos del apóstol Juan, confirman que el primer día era llamado "El Día del Señor". Por ejemplo, Ignacio, un compañero de Juan, dijo: "No observemos más el sábado, sino el día del Señor, cuando nuestra Vida se levantó". De la misma manera Ireneo, discípulo de Policarpo quien a su vez fue discípulo de Juan, dijo: "En el día del Señor cada uno de nosotros los cristianos descansamos de nuestras labores meditando en la ley y regocijándonos en las obras de Dios"[15].

---

[15] Citado por Thomas M. Preble, *The First-day Sabbath* (El día de reposo del primer día), (Buchanan, Michigan: WACP Association, 1867), 73-74.

Debido a que los discípulos de Juan se referían al primer día de la semana como "El Día del Señor", no cabe duda a qué se refería Juan en Apocalipsis 1:10.

Esta misma expresión posesiva: "del Señor" aparece en 1 Corintios 11:20 refiriéndose a la "cena del Señor". Esta ordenanza bíblica es una cena "que pertenece al Señor" de una manera especial. Es una cena apartada de las otras cenas comunes porque simboliza la muerte de Cristo. De manera similar, el primer día de la semana es apartado de los otros días comunes porque es el día cuando Cristo resucitó.

Tenemos ejemplos claros en el Nuevo Testamento de iglesias que se reunían el primer día de la semana:

El primer día de la semana, reunidos los discípulos para partir el pan, Pablo les enseñaba, habiendo de salir al día siguiente; y alargó el discurso hasta la medianoche (Hechos 20:7).

Cada primer día de la semana cada uno de vosotros ponga aparte algo, según haya prosperado, guardándolo, para que cuando yo llegue no se recojan entonces ofrendas (1 Corintios 16:2).

Tan sabido era que los cristianos observaban el Día del Señor que en los primeros siglos los oficiales preguntaban individualmente a los creyentes: "¿Usted observa el día del Señor?", lo cual equivalía a preguntar: "¿Es usted cristiano?".

Resulta claro, entonces que para el cristiano, el primer día de la semana tiene que ser un día especial apartado para Dios porque es un día que le pertenece de una manera especial a él.

El mandato de adorar como congregación

No obstante, hay algunos en la actualidad que comentan que cuando las iglesias se reúnen, su propósito *no* es para adorar a Dios. Su propósito puede ser edificación, evangelización, discipulado y comunión fraternal.

Aunque es cierto que los cristianos debieran adorar al Señor siete días a la semana y no solo uno, y aunque la edificación y comunión fraternal son indiscutiblemente parte del propósito de las asambleas de creyentes, hay una indicación clara en las Escrituras de que Dios quiere que su pueblo le adore congregacionalmente en la iglesia local.

En el Salmo 149:1 encontramos un mandato claro de adorar al Señor como congregación: "Cantad a Jehová cántico nuevo; su alabanza sea en la congregación de los santos".

Aunque ciertamente es importante adorar al Señor individualmente, es evidente que Dios se complace también en la adoración en conjunto. No obstante no hay tal mandato explícito en el Nuevo Testamento. Sí encontramos mandatos de reunirse, como en Hebreos 10:24-25, pero no un mandato claro de adorar al Señor en esas reuniones. La pregunta es, entonces, si los mandatos a los santos del Antiguo Testamento de adorar al Señor como congregación son suficientes como mandatos para los santos del Nuevo Testamento.

Ejemplos de adoración congregacional

Es por esta razón que enfocamos ejemplos de los que los creyentes hacían al obedecer el mandato de reunirse. En el Antiguo Testamento, uno de los propósitos claros para reunirse era adorar al Señor:

Alabaré a Jehová con todo el corazón en la compañía y congregación de los rectos (Salmo 111:1).

Pero, ¿se aplica esto al Nuevo Testamento? Examinemos un ejemplo de una reunión de una iglesia. De hecho, es históricamente, de la *primera* reunión de una iglesia. Esta indudablemente estableció una precedente por las venideras. Encontramos ese ejemplo en Hechos 2:42:

Y perseveraban en la doctrina de los apóstoles, en la comunión unos con otros, en el partimiento del pan y en las oraciones.

Lucas lista cuatro compromisos en los cuales "perseveraban" estos creyentes al reunirse por primera vez como iglesia.

Su primer compromiso era su dedicación a la enseñanza apostólica. Tenían mucho que aprender como nuevos creyentes, entonces los apóstoles les instruían en las enseñanzas de Jesús: cómo había cumplido las profecías del Antiguo Testamento y cómo debían convivir y ser testigos de Cristo. A estos temas de la enseñanza se dedicaban los fieles cuando se reunían.

Después de un tiempo, los apóstoles registraron en las Escrituras estas enseñanzas bajo la inspiración del Espíritu Santo. Por eso, tenemos ahora estas mismas enseñanzas apostólicas consignadas para nosotros en las cartas del Nuevo Testamento. La enseñanza apostólica a la cual se dedicaba esta joven iglesia era básicamente la de las Escrituras del Nuevo Testamento que tenemos hoy.

Este compromiso ilustra el primer elemento importante de la adoración bíblica: la presentación de la verdad. Recordemos que no puede haber adoración a menos que sea presentada la verdad, por lo que el hecho de que las reuniones de esta primera iglesia se dedicaban a la verdad es el primer paso hacia la adoración.

Luego Lucas dice que se dedicaban a "la comunión" fraternal. Esta palabra significa literalmente "tener en común". Es la misma palabra usada en el versículo 44 traducida "tenían en común todas las cosas". ¿Qué era lo que estos 3.000 nuevos convertidos de todo el mundo tenían en común? Su nueva fe en Jesucristo. Esa fe es lo que les daba unidad.

Este tipo de unidad aparece a lo largo del Nuevo Testamento refiriéndose a la iglesia reunida. Esta comunión no es lo que hoy llamamos "compañerismo", como reunirnos para comer un postre y hablar de deportes o política. Este tipo de compañerismo se trata de reunirse para disfrutar lo que "tenemos en común", es decir, nuestra relación con Jesucristo. En otras palabras, compartimos unos con otros las respuestas de nuestro espíritu hacia Dios. Compartimos la adoración.

El tercer compromiso era su dedicación al "partimiento del pan". En este texto hay un artículo definitivo: "el" que indica que esto se refiere específicamente a la Cena del Señor. Esto era algo a lo cual la primera iglesia se dedicaba porque Cristo les había ordenado que fueran fieles en observar la Cena del Señor en el contexto de la iglesia reunida.

¿Qué es lo importante acerca de esta ordenanza de la iglesia? En 1 Corintios 11, Pablo da a la iglesia indicaciones específicas concernientes a la participación en la Cena del Señor. Pero antes, en el capítulo 10, explica la importancia de esta ordenanza.

[16] La copa de bendición que bendecimos, ¿no es la comunión de la sangre de Cristo? El pan que partimos, ¿no es la comunión del cuerpo de Cristo? [17] Siendo uno solo el pan, nosotros, con ser muchos, somos un cuerpo; pues todos participamos de aquel mismo pan.

Tenemos aquí nuevamente la palabra "comunión" de Hechos 2:42. Enfatiza lo que tenemos en común como iglesia reunida. Acentúa la unidad que compartimos en Cristo. Por eso a veces nos referimos a la mesa del Señor como "Comunión".

Lo significativo de esta Comunión es que demostramos juntos la unidad y comunión fraternal de adorar a Jesucristo. Por esto es que la ordenanza fue dada a la iglesia y no cada individuo. Por esto es que no solo basta juntarnos con algunos amigos en casa y observar la Santa Cena; esta ordenanza es para que todo el cuerpo participe en comunión.

Por lo tanto, esta dedicación a la Cena del Señor es otra evidencia de una expresión unificada de adoración al Señor. Se comprometieron a observarla como una ordenanza de Dios para expresar respuestas espirituales a él.

El cuarto y último compromiso que lista Lucas acerca de esta nueva iglesia es la dedicación a las oraciones públicas. Aquí también hay un artículo definido: "las" que antecede a "oraciones". Dice, literalmente "en el partimiento del pan y en *las* oraciones". Esto tiene dos implicaciones.

La primera es que está hablando algo más que de las oraciones individuales, en privado. Las oraciones en privado son importantes, pero estos creyentes se dedicaban a *"las"* oraciones, significando momentos públicos de oración en conjunto como una iglesia reunida.

La otra implicación es que "las oraciones" probablemente hayan sido las oraciones específicas que eran parte de la práctica judía regular. Hubiera sido muy natural que estos cristianos exclusivamente judíos se reunieran para continuar algunas de las prácticas de adoración que disfrutaban en el Templo y las sinagogas, agregando sencillamente la verdad acerca de Jesús.

Estos, pues, son los cuatro compromisos que acaparaban la atención del primer grupo reunido como iglesia.

Cada uno describe elementos de la esencia bíblica de la adoración —respondiendo con nuestro espíritu a la verdad de

Dios— agregando solo una característica: la de comunión con otros creyentes para un tiempo de adoración.

Vemos otros ejemplos de la iglesia reunida para participar de una adoración unida. Por ejemplo, más adelante en Hechos 2, Lucas consigna que este mismo grupo estaba reunido "alabando a Dios" (v. 47). También Hechos 13:2 nos dice que una reunión de cristianos estos estaban "ministrando…al Señor, y ayunando".

Por lo tanto, vemos en este ejemplo que la iglesia congregada estaba sencillamente adorando al Señor, y haciéndolo de una manera unida.

Términos que se refieren a la adoración congregacional

Si bien estos mandatos y ejemplos demuestran que las iglesias se reúnen con el propósito de adorar a Dios, quizá la evidencia más clara se relaciona con el lenguaje usado en el Nuevo Testamento para describir qué es la iglesia y qué le corresponde hacer.

Consideremos, por ejemplo, Efesios 2:19-22, donde el Apóstol escribe en plural, dirigiéndose a un grupo, no a una persona individual.

[19] Así que ya no sois extranjeros ni advenedizos, sino conciudadanos de los santos, y miembros de la familia de Dios, [20] edificados sobre el fundamento de los apóstoles y profetas, siendo la principal piedra del ángulo Jesucristo mismo, [21] en quien todo el edificio, bien coordinado, va

creciendo para ser un templo santo en el Señor; [22] *en quien vosotros también sois juntamente edificados para morada de Dios en el Espíritu.*

Pablo se está dirigiendo a la iglesia reunida (vosotros), y la llama *templo* santo en el Señor. La palabra que aquí fue traducida "templo" es la misma usada para referirse al Lugar Santo en el Templo judío. Si la iglesia es descrita como el Lugar Santo del Templo, ¿qué es lo que debe ocurrir cuando se reúne?

De la misma manera, en 1 Corintios 3:9 la iglesia es llamada "edificio" o "morada". En los versículos 16 y 17 del mismo capítulo la iglesia es llamada nuevamente el Lugar Santo del Templo en que él "mora". En 1 Pedro 2:5-9, la iglesia es llamada "casa espiritual" de Dios para ofrecer en ella "sacrificios espirituales". Los lectores originales leyendo estos textos en griego sin duda notaron el lenguaje de adoración usado para describir lo que es la iglesia y lo que le corresponde hacer cuando se reúne.

Es así que al cumplir los otros propósitos y funciones de la iglesia, esta debe dedicar un tiempo para la adoración cuando se reúne. Debe incluir un tiempo para la presentación de la verdad acerca de Dios y un tiempo para responder espiritualmente a esa verdad a una sola voz. Esta adoración congregacional debiera tener lugar en ese día especial apartado de otros días por la resurrección de Cristo, el Día del Señor.

Preparación para la adoración congregacional

Reconocer que nos reunimos el domingo por la mañana como iglesia con el propósito de adorar a nuestro santo Dios debiera impulsarnos a pensar seriamente cómo nos disponemos a asistir a la casa de Dios para adorarlo. Recordemos que este es un día que pertenece al Señor de una manera especial, tal como lo pertenece la Cena del Señor. Así como no debemos disponernos a participar de la Cena del Señor como si fuera una cena cualquiera, tampoco debemos disponernos a celebrar el Día del Señor como si fuera un día cualquiera. Encontramos Eclesiastés 5:1-2 una descripción de lo que debe ser nuestra actitud:

> [1] *Cuando fueres a la casa de Dios, guarda tu pie; y acércate más para oír que para ofrecer el sacrificio de los necios; porque no saben que hacen mal.* [2] *No te des prisa con tu boca, ni tu corazón se apresure a proferir palabra delante de Dios; porque Dios está en el cielo, y tú sobre la tierra; por tanto, sean pocas tus palabras.*

Encontramos aquí la exhortación: "guarda tu pie" o sea "procedamos con cautela" cuando vamos al culto congregacional. Esto no es algo para encarar a la ligera y sin reflexionar. La adoración congregacional es algo para lo cual tenemos que prepararnos.

Desafortunadamente el Día del Señor sorprende a la mayoría de los asistentes sin ninguna preparación para participar en la adoración congregacional a Dios. En otras palabras, la mayoría organiza su semana, su sábado por la noche y su domingo por la mañana de tal manera que *no* pueden estar adecuadamente preparados.

La preparación comienza el lunes por la mañana

¡En cambio, lo que debemos hacer es comenzar el *lunes por la mañana* nuestra preparación para la adoración a Dios el próximo Día del Señor! Logramos esto mayormente si planificamos adecuadamente nuestra semana. Planifiquemos nuestras obligaciones para poder tener libre la noche del sábado. Programemos nuestro momento devocional personal y el culto familiar durante la semana a fin de generar un sentido de anticipación para participar en la adoración congregacional el Día del Señor.

Si el pastor está predicando capítulo por capítulo un libro de la Biblia los domingos por la mañana, tendremos una idea bastante clara del pasaje que estará predicando el próximo Día del Señor. Dediquemos un momento para leer y meditar sobre ese pasaje nosotros mismos y luego en familia durante la semana. Si no estamos seguros sobre qué predicará el pastor, ¿por qué no preguntarle con anterioridad?

También le podemos preguntar qué himnos se cantarán y usarlos durante el momento de devocional personal o en el culto familiar. Podemos enseñar los himnos a nuestros hijos y ayudarles a comprender lo que la letra de cada himno significa a fin de que puedan estar preparados para cuando llegue el Día del Señor.

La preparación se intensifica el sábado por la noche

Nuestra preparación para la adoración congregacional debiera intensificarse el sábado por la noche. Sería bueno tratar de no tener entonces otras actividades. Podemos programar actividades en familia y reuniones con amigos los viernes, en lugar de los sábados. Debiéramos dedicar las últimas horas del sábado a prepararnos para el Día del Señor.

Durante ese tiempo nos corresponde continuar nuestros preparativos, quizá teniendo un momento especial de culto familiar, pero también con preparativos prácticos, porque hay que escoger la ropa, encontrar los zapatos, bañar a los chicos y alistar el coche, no esperar hasta el domingo a la mañana para hacer todo esto. Poner más atención en los preparativos los sábados por la noche, hará que la mañana del Día del Señor sea menos caótica.

La preparación culmina el domingo por la mañana

Si hemos hecho suficientes preparativos el sábado, es de esperar que el domingo por la mañana sea más tranquilo. Pero la preparación para la adoración congregacional todavía puede continuar. Podemos aprovechar el tiempo del desayuno o del trayecto a la casa del Señor como ocasión para volver a pensar en lo que escucharemos y cantaremos durante el culto.

Hagamos planes para llegar con suficiente tiempo para saludar a nuestros hermanos y hermanas en Cristo, y también para encontrar nuestro asiento y prepararnos mentalmente para el culto. Cuando tomamos asiento antes de la reunión, utilicemos el tiempo para orar, leer las Escrituras o repasar el orden del culto para poder participar con todo nuestro ser cuando este empieza.

Es cierto que toda esta preparación requiere trazar planes y demanda disciplina, pero si tomamos en serio y consideramos importante nuestra adoración congregacional, estaremos dispuestos a dedicarle tiempo y esfuerzo a prepararnos adecuadamente. Recordemos que este es un día especial que pertenece al Señor, y por esta razón debemos esperarlo con anticipación. Las recompensas de la adoración congregacional serán mucho mayores si así lo hacemos.

Participación en la adoración congregacional

Teniendo todo esto en mente, ¿qué debemos estar pensando al adorar al Señor el domingo **por** la mañana?

Canto

Debido a que cada miembro de la congregación tiene la responsabilidad de participar en la reunión de adoración, ningún elemento de la misma es opcional, incluyendo cantar. ¡Solo porque a uno no le gusta cantar o cree que no tiene buena voz no significa que puede quedarse con la boca cerrada! Cantar en la iglesia no se trata de la calidad de nuestra voz. Cantar es expresar las respuestas de nuestro corazón al Señor. Y cantar con toda la congregación nos ayuda a expresar los tipos correctos de afecto a Dios en adoración y a manifestar la unidad del cuerpo.

Ofrendas

Dar dinero ganado con nuestro trabajo es una manera tangible de expresar nuestra gratitud al Señor y sostener lo que está haciendo a través de la iglesia. También hemos de tener conciencia de la naturaleza congregacional del acto de ofrendar. No lo estamos haciendo solo como individuos, estamos ofrendando conjuntamente con hermanos cristianos.

Es por esto que creo que tenemos que estar preparados para ofrendar cada vez que nos congregamos con el fin de adorar al Señor. La mayoría tenemos un porcentaje particular que programamos dar cada vez que cobramos el sueldo, pero muchos sencillamente lo dan como ofrenda de una sola vez. Esto significa, según la frecuencia con que recibimos nuestro salario, que quizá ofrendemos una vez por mes o por quincena.

Pero a fin de demostrar tanto la naturaleza congregacional de ofrendar y el hecho que estamos agradecidos cada vez que nos reunimos para rendir culto a Dios, quizá sería mejor dividir lo que pensamos dar de modo que podamos ofrendar una porción del total cada vez que se levanta la ofrenda.

Oración

Al igual que con el canto, cada miembro de la congregación debiera involucrase activamente en las oraciones congregacionales. Esto significa que cuando alguien está guiando en oración, nuestra mente debiera estar en armonía con él, afirmando muchas veces "Amén" en nuestro corazón durante la oración y especialmente al concluir. En realidad, es una buena práctica que cada miembro diga oralmente "Amén" al final de las oraciones congregacionales. Esta práctica manifiesta a la perfección la naturaleza unificada de dichas oraciones.

Además, si alguien necesita cambiar de lugar durante la reunión, no lo haga durante la oración congregacional. Por ejemplo, si uno tiene que cantar inmediatamente después de la oración, no pase al frente mientras la iglesia está orando. ¿Cómo puede uno estar participando activamente de esta actividad congregacional si se está moviendo de un lugar a otro? En cambio, debe ubicarse donde corresponda, antes o después de la oración.

Música especial

No me gusta esta expresión "música especial" porque da la impresión de que el resto de la música, principalmente el canto congregacional, no es "especial". La realidad es que los momentos de canto congregacional son las actividades musicales más importantes de la reunión. El canto congregacional es un mandato de las Escrituras, y demuestra la naturaleza unificada de la adoración congregacional. Aun así, la "música especial" puede ser a veces un beneficio para la adoración. Quizá sería mejor llamarla "música preparada" u "ofrenda musical".

Pero como estas ofrendas musicales preparadas no incluyen activamente a toda la congregación, a veces los presentes pueden fácilmente asumir al papel de "espectadores" o aun dejar que sus mentes divaguen. ¿Qué podemos hacer para prevenir que esto suceda?

Primero, reconocer que aun durante el canto de un solista, un himno coral o una presentación instrumental, podemos estar participando activamente. No somos espectadores viendo una función. Tenemos que estar tan involucrados como los que presentan el número musical. Estos "líderes" musicales sencillamente están ayudando a todos a expresar a Dios los tipos correctos de respuestas espirituales.

Segundo, hay cosas que podemos hacer para participar mejor. Si se está presentando un número instrumental, podemos abrir el himnario y reflexionar en la letra del canto para mantener activo a nuestro corazón y nuestra mente. Luego preguntémonos: "¿Qué afectos expresa este arreglo musical que coinciden con las verdades de este himno?". Si no sabemos qué himno se está tocando o si no tenemos acceso a la letra, preguntémonos qué tipo de afecto está expresando la música misma y qué respuesta a las verdades de Dios se espera tanto de los que escuchan y como de los que ejecutan.

Con la música vocal, escuchemos el arreglo musical y cómo es entonado el canto para ayudar a expresar diferentes tipos de respuestas musicales. Notemos cómo esas respuestas fluyen directamente de la verdad que se está cantando.

Silencio

Si hay momentos de silencio entre los rubros del orden del culto, no pensemos: "¿Qué pasó? ¿Quién falló?", ni dejemos que el silencio nos distraiga. Al contrario, reflexionemos en la verdad y las respuestas de las que acabamos de participar y esperemos con anticipación lo que seguidamente sucederá. Podemos usar los momentos de silencio para orar, dando gracias a Dios por las cosas que acabamos de reflexionar.

La predicación

El momento del sermón es el tiempo del culto de adoración cuando la presentación de la verdad de Dios es más evidente. Durante todo el sermón debemos estar ocupados en considerar las verdades de la Biblia y en preguntarnos cómo debemos responder. A veces quizá nuestra respuesta debe ser confesión. Otras veces respondemos con gozo y gratitud.

No importa qué *clase* de respuesta expresemos, siempre debemos responder de alguna manera a la predicación de la Palabra de Dios. En ocasiones tenemos la idea que solo tenemos que responder cuando sentimos una "convicción" o que Dios "nos habla". Por el contrario, la verdad de Dios siempre demanda una respuesta, y recordemos que la adoración no ocurre hasta que respondemos a la verdad.

Conclusión

En Hebreos 12:28-29 el autor nos manda que "sirvamos a Dios agradándole con temor y reverencia; porque nuestro Dios es fuego consumidor". Esto implica que hay adoración (servicio) que *no* es aceptable a Dios.

Por lo tanto, es muy importante que consideremos con cuidado cómo estamos adorando al Señor. ¿Nos preparamos para hacerlo? ¿Participamos activamente en la adoración?

Dios merece nuestra adoración, y se deleita en que su pueblo reunido lo adore. Comprometámonos a adorarle deliberada, congregacional, intencional y activamente.